365日、おいしい手作り!
「魔法のびん詰め」

こてらみや

三笠書房

はじめに——毎日のごはんに大活躍！

わが家の冷蔵庫を開けると、いろいろな自家製びん詰めが並んでいます。酒の肴《さかな》、常備菜、お漬けもん、タレや調味料……と、常時20種類以上はあるでしょうか。それらのびん詰めが、パパッとごはんを作りたいときに大活躍してくれるのです。

ある日のことでした。

私が仕事で帰りが遅くなったとき、大急ぎで台所に立って、びん詰めを使って10分ちょっとでおかずを作ったのを見て、お腹をすかせて待っていたオットがひと言。

「まるで〝魔法のびん詰め〟だね」

その日以来、〝魔法のびん詰め〟という言葉の響きが、やけにうれしくて、私のびん詰め作りに拍車がかかっていったのです。

いまでは、おかずのもととなるびん詰めだけではありません。

京都の実家や栃木の親戚から、食べ切れないほどのフルーツが送られてきたときなど、傷《いた》まないうちにコンポートやジャムといったびん詰めに変身させて、おいしさを一年中楽しんでいます。忙しいときでも、コンポートのびん詰めがひとびんあるだけで、気持ちがホンワカします。ほんのひと口のデザートでも、幸せな気持ちになれるのですから、びん詰めの力は偉大です。

びん詰めの仕込みは、四季のうつろいを感じる作業でもあります。

春には春の、夏には夏のびん詰めがあるからです。５月に実山椒が送られてくれば、家族総出（といっても、３人ですが）で軸と葉を取り除き、塩漬けにしたり、ちりめん山椒にしたりします。赤紫蘇《しそ》が出回る時期になると、それを煮出して、夏に飲むシロップを作ります。秋はきのこのオイル漬け、冬は白菜のお漬けもんです。考えてみると、出盛りの安い時期に仕込むわけですから、びん詰めは経済的でもあるのです。

「忙しくてびん詰めを作る時間なんて……」という気持ちもわかります。

でも、そういう人こそ、お休みの日や、ちょっと早く帰れた日にびん詰めを仕込んで、日々のごはん作りの負担を減らしてほしいと思うのです。

それに、びん詰めを仕込んでいると、コトコトと湯気を立てるお鍋の音や、漂ってくるおいしそうな香りで、ささくれだった心や身体がホワッとほぐれてくるから不思議です。

そう、おいしい香りは、どんなにすばらしいエッセンシャルオイルより、心を和ませ、穏やかな気分にしてくれる魔法のような力があるのです。

この本では、材料を合わせるだけの簡単な調味料から、ちょっと手間や時間のかかるものまで、60種類以上のびん詰めの作り方を紹介しています。

まずは、おいしそうだと思うものや、これならできそうだと思うものを、試しに作ってみてください。

そのびん詰めに少しずつアレンジを加えて、自分だけの「魔法のびん詰め」に育ててもらえれば、これほどうれしいことはありません。

contents

2 料理の幅がぐんと広がる 洋惣菜のびん詰め

3
新鮮なうちにストックしたい
果物やハーブのびん詰め

4
料理の隠し味
魔法の調味料

企画・構成／(株)東京図鑑
写真／こてらみや　ハタヤマノブヤ
イラスト／林まゆみ

びん詰めをはじめる前に知っておきたいこと

保存の利《き》く安全なびん詰めを作るには、消毒の仕方やびんの特徴など、いくつか、知っておいてほしいことがあります。びん詰め作りの基本となる大切なことなので、調理に入る前に、ぜひ、目を通しておいてください。

びんの消毒について

びん詰めのいちばんの大敵が、腐敗のもととなる雑菌やカビです。びんに食品を詰めるときは、必ず消毒した清潔なびんを使います。とくに梅雨どきなど、湿気の多い時期は、雑菌が繁殖しやすいので気をつけましょう。

アルコール消毒

短期間で食べ切るお惣菜を入れるびんや、鍋に入らない大きなびん、口径の小さなびんは、アルコール度数の高い（35度以上）ホワイトリカーや食品用アルコールで消毒するのが簡単です。

口径の大きなびんは、キッチンペーパーにアルコールを含ませて内側を拭き、パッキンやふたも必ず消毒します。手が入らない口径の小さなびんは、中にアルコールを適量入れて、よく振って消毒し、乾かしてから使います。

煮沸消毒

いちばん確実な方法です。とくに火を通していない食材や、ジャム、コンポートなどを長期保存するときは、この方法をおすすめします。

大きな鍋の底にふきんを敷き、その上にびんを並べて水を入れ、中火でゆっくりと沸騰させ、10分ほど火にかけてから取り出します。取り出したびんは、清潔なふきんの上に口を下にして置き、自然乾燥させます。ふたやゴムパッキンは、熱湯に長く浸けると変形することがあるので、20秒ほどで引き上げましょう。

びんの脱気

ジャムやシロップ、コンポートなどは、びんの中の空気を完全に抜くことで、長期の保存が可能になります。これを脱気《だっき》といいます。

びんの8分目まで食品を入れて、軽くふたをします。次に、ふきんを底に敷いた鍋にびんを置き、びんの高さの7分目ぐらいまで水を注ぎます。それを火にかけ、沸騰したら弱火にし、30分ほどしたら取り出して、ふたをきつく閉めなおしてから、びんを裏返して自然冷却します。きちんと脱気殺菌すると、約1年間、常温保存が可能です。

びんの種類

ガラスびんは、食材のにおいがつきづらく、熱や酸に強いので食品の保存に最適です。透明なのでふたを開けなくても中身が確認できます。びんにはいくつか種類があり、それぞれに特徴があるので、目的に合わせて使い分けましょう。

ねじ式ふたのびん

開け閉めがしやすく密閉性も高いので、どんな食品の保存にも向いています。市販のジャムや佃煮の空きびんを再利用するときは、ふたのパッキンが傷んでいないか確認しましょう。

プラスチックキャップの広口びん

ふたの開け閉めがしやすい反面、脱気や完全密閉ができないので、冷蔵庫に入れて毎日のように食べるお惣菜やお漬けもの向きです。

バネ式クリップの広口びん

ゴムやシリコンのパッキン付きのものが、いろいろ出回っています。酸に強く、広口でサイズもいろいろあるので、ピクルスやコンポートの保存に向いています。

細口びん

細口のびんは、シロップやタレを入れるのに最適です。ふたが劣化したときや王冠の場合は、口径に合ったコルク栓を使います。コルク栓はホームセンターなどで購入できます。

あると便利な道具

びん詰めを作るときに、私が使っている道具の中でもとくにおすすめのものをご紹介します。お手持ちの道具でもできると思いますが、あれば便利なものばかりですので、これから揃えようということであれば参考にしてください。びん詰め以外の料理でも役立つ、強い味方です。

鍋

ほうろうの鍋は、酸や塩分に強いので、ジャムなどの仕込みに最適です。とくに厚手のものが保温性も高くておすすめです。

計量道具

グラム単位ではかれるデジタルばかりが便利です。計量スプーンは、浅いものより、深いもののほうが正確に計量できます。計量カップは、500cc と200cc（1カップ）の両方あると便利です。

さらしとガーゼ

漉したり、汁をしぼったりするのに便利です。キッチンペーパーと違って、洗えば何度でも使えますし、丈夫です。とくにさらしは、使い込むと柔らかくなって使いやすくなります。

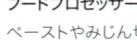

フードプロセッサー

ペーストやみじん切りも、あっという間にできるので助かります。ハンディタイプのスティックミキサーは、少量のときにさっと使えて、あと片づけも楽ちんなので重宝します。

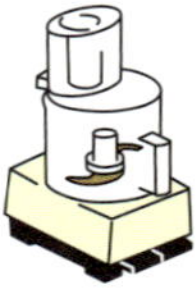

トングとゴム手袋

トングは、煮沸消毒したびんを取り出すときに便利です。先端がシリコン素材のものがおすすめです。ゴム手袋は、きつく締まったびんのふたを開けたり、熱くなったふたを閉めるのに便利です。

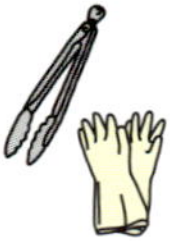

じょうご

シロップやジャムをびんに詰めるときに便利です。びんの口を汚さず、こぼすことなくスムーズに移し替えができます。

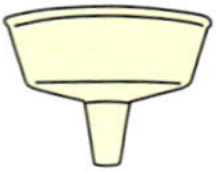

料理用語について

●**少々・ひとつまみ**　「少々」の目安は親指と人差し指でつまんだ量。「ひとつまみ」は少量とも表記されることがありますが、親指と人差し指と中指でつまんだ量のこと。

●**適量・適宜**　「適量」はちょうどよい量を必ず入れるということ。「適宜」はお好みで、必要と感じれば入れること。

●**粗熱を取る**　一度熱したものを、手で触れられるくらいの温度まで冷ますこと。鍋のまま流水に浸けたり、固形のものなら、ザルやバットに広げて冷まします。

●**アクを取る**　アクとは食材に含まれる苦みや渋み、えぐみなどのこと。食材を煮ているときに、泡とともに溶け出してくるこれらの不純物を玉じゃくしなどで取り除くことをいいます。

●**水にさらす**　アクや辛みのある食材を水に浸して、クセをなくすこと。または水に浸すことで野菜などに水分を吸収させてパリッとさせること。

●**茹でこぼす**　アクやヌメリを取りたい場合に、食材を一度茹でて、その茹で汁を捨てること。

●**冷水でしめる**　茹でたそうめんやそばなどを流水で洗ってヌメリを取ること。冷水でしめると滑らかな食感でつるつるの喉ごしになります。

●**煮詰める・煮立てる**　「煮詰める」とは水分を飛ばしながら煮ていくことをいい、「煮立てる」とはグラグラと沸き立たせることをいいます。

●**寒干し・風干し**　ともに野菜や魚を風にさらすことで、余計な水分を飛ばしてうまみを凝縮させること。寒い季節に行なう風干しが「寒干し」です。

●味をなじませる・味をととのえる　「味をなじませる」は、均一に味を含ませること。「味をととのえる」は、味見をしながら、仕上げに塩などの調味料でほどよい加減にすること。

●寝かせる　味をしみ込ませるためなどの目的で、下味のついた材料をしばらくそのままの状態にしておくこと。

●落としぶた　煮物を作るとき、鍋よりひとまわり小さいふたを材料に直接のせること。煮汁が全体にゆきわたり、味のムラがなくなります。また、煮くずれするのを防ぐ役目もあります。木製やステンレス製の専用のものが売られていますが、キッチンペーパーやアルミホイルでも代用できます。

計量について

計量器具は、1カップ＝200cc、1合＝180cc、大さじ1＝15cc、小さじ1＝5cc
すべてすりきりで計量しています。

保存期間について

使う素材や作った環境によって、保存期間は変わってきます。この本ではおおよその目安を表記していますが、必ず自分の舌と目で確かめて、少しでもおかしいと感じたら、もったいないと思わずに廃棄してください。

さあ、はじめましょう

この本のレシピの分量は、私が使っている調味料で、私好みの味になるように計量しています。砂糖や塩、使う調味料の違いによっても、また、火加減や調理道具の違いでも、味は変わってくるものです。ですから、あくまでもレシピは目安と考え、自分の舌を信じて、さじ加減をしてください。このレシピが「自分の味」を作るためのガイドになれば、うれしいです。

＊調味料については、P50で詳しく説明しています。スパイスについては、P162で紹介しています。

第1章

簡単・便利な
和惣菜のびん詰め

葉わさびの醤油漬け

わさびは根の部分だけではなく、葉や茎も食べられる〝日本特産のハーブ〟です。最近では春になると、スーパーや八百屋さんの店先に鮮やかな緑色の葉わさびが並ぶことも珍しくなくなりました。

とはいっても、出回るのは4～5月の短い期間なので、わが家では醤油漬けにして、すぐに食べる分は冷蔵庫で、残りは冷凍保存にしています。こうしておけば、茎のシャクシャクした歯触りや、鼻の奥にツーンと抜けるさわやかな香りが長く楽しめるのです。葉わさびの辛みは揮発性のものなので、なるべく空気に触れさせないようにして保存しましょう。

材料(作りやすい分量)　葉わさび(または花わさび)250g　粗塩大さじ½　砂糖小さじ1　〈A〉醤油・日本酒各大さじ3　みりん大さじ1　酢小さじ1

作り方　①葉わさびはきれいに洗って3cmに切る。②〈A〉を鍋に入れてひと煮立ちさせて冷ます。③ボウルに葉わさびと塩を入れて揉み、90度ぐらいのお湯をたっぷり注いで箸でぐるっとひと混ぜする。④すぐにザルにあげて冷水に放ち、水気をしっかり切る。密閉できる容器に入れて砂糖を加え、30回ほど強く振る(辛みを出すため)。そのまま冷蔵庫でひと晩おく。⑤びんに②と④を入れ、なるべく空気に触れないようにラップで表面を覆ってからふたをする。辛みが飛ばない10日間ぐらいで食べ切る。

＊びんの8分目ぐらいまで詰めて冷凍も可能。

あさりのさっと佃煮

醤油と砂糖で煮詰めた甘辛い佃煮は、保存食の代表格です。本場お江戸の佃煮は、日本酒をちびりちびりといただきながらつまむには最高の酒肴《しゅこう》ですが、味が濃いのでなかなか食べ進まないというのが本音です。そこで、もっと軽い味に仕上げようと作りはじめたのが、この「さっと佃煮」。煮詰めすぎないから、あさりの身が硬くならないし、ほどよい甘辛さで箸が進みます。

このレシピでは殻付きのあさりを使いますが、むき身を使えば10分もあればでき上がり。忙しい方は、こちらでお試しを……。

材料(作りやすい分量)　あさり(殻付き)450g　日本酒½カップ　砂糖大さじ1　醤油小さじ2　生姜1かけ(生姜1かけは親指の第一関節ぐらい)

作り方　①鍋に砂抜きしたあさりと日本酒を入れてふたをして中火にかける。沸騰したら火を弱めて、ときどき鍋をゆする。口が開いたら身を外して、汁は漉す。②鍋に①の漉し汁100ccと砂糖、醤油、せん切りにした生姜を入れて強火にかける。生姜がしんなりして煮汁にツヤが出てきたらあさりを加える。ゴムベラで返しながら、汁が少し残る程度まで強めの中火で煮絡める。冷ましてびんに入れ、冷蔵庫で保存して1週間ぐらいで食べ切る。
*あさりの砂抜きは、水3カップに粗塩大さじ1程度を溶かした塩水に浸けて、新聞紙などで覆って2時間ほどおく。

いかの贅沢塩辛

いかのお刺身は食べられるけれど、塩辛は生臭くて塩辛いから苦手！　という人にこそ、作ってほしいのが、これ。実は私自身も苦手だったのですが、オットのリクエストに応えて作ってみたら、あらおいしい！　ゲソやエンペラを使わない塩辛なので、とても上品で食べやすいのです。それに柚子の香りが利いているので、生臭さもありません。

ただ、塩がきつくないうえに、保存料も使っていないので、1週間ほどしか日もちしません。といっても、わが家ではいつも2〜3日でペロリと食べてしまいます。

材料（スルメイカ1ぱい分）　スルメイカ1ぱい　日本酒大さじ2　粗塩適量　柚子皮（せん切り）適宜

作り方　①スルメイカは胴に指を入れて、肝とゲソを抜く。②肝についた墨袋を外す。肝を破らないようにゲソを切り離し、肝を包み込むように塩をたっぷりまぶして冷蔵庫でひと晩おく。③胴を切り開いて軟骨とエンペラを外し、薄皮（内側も）をキッチンペーパーで取り除く。日本酒と塩少々を両面に振り、バットにのせた網に広げてラップをかけずに冷蔵庫でひと晩干す。④肝についた塩を洗い流して水気を拭き取り、ボウルに肝の中身をしぼり出す。⑤③の水分を拭き、1cmの太さに切って④であえる。お好みで柚子皮を加え、1日たったら食べ頃。毎日かき混ぜて1週間で食べ切る。

＊生の刺身用スルメイカで作ると格段うえのおいしさですが、「アニサキス」という寄生虫がついている可能性があります。心配な人は、冷凍の刺身用を使いましょう。

＊ゲソとエンペラは他のお料理（P217）にどうぞ。

葉唐辛子の佃煮

「葉唐辛子」とは、唐辛子の葉っぱのこと。一般的には、未成熟な青い実がついたまま売られています。これを油で炒めて佃煮にすると、香りがよく、びっくりするほどのおいしさなのです。ただ、未成熟の実とはいえ、唐辛子には変わりないので、たくさん実がついている場合は、実を減らしたりして、辛さを調整しましょう。ピリッとした風味の葉唐辛子の佃煮は、白いごはんはもちろん、日本酒とも好相性。晩酌が楽しくなる一品です。

わが家では、毎年、この葉唐辛子の佃煮を作るために、ベランダで唐辛子を栽培しているほどです。

材料(作りやすい分量)　葉唐辛子230g　ゴマ油小さじ2　白いりゴマ大さじ1　〈A〉日本酒・醤油各½カップ　みりん大さじ2

作り方　①枝から、葉と実を摘んで、たっぷりの湯でさっと湯通しする。すぐに水にさらしてギュッとしぼって水気を切る。②鍋にゴマ油を入れて①を中火でほぐしながら炒めて水分を飛ばす。③〈A〉を加えて中火で煮詰めるように炒め煮にする。④鍋底の煮汁が少なくなってきたらゴマを加え、さっと混ぜて火からおろす。冷めてからびんに詰めて冷蔵庫で保存すると約1カ月もつ。

＊唐辛子の実は、小さいからといって大量に入れると飛び上がるほど辛いのでご注意を！さっと湯通ししたちりめんじゃこを③の段階で加えてもおいしいです。

唐辛子味噌

そのままごはんにのせて食べてもおいしいし、炒め物に使ってもおいしいのが、この唐辛子味噌。作り方も簡単で、冷蔵庫で保存すれば1カ月もつ万能味噌です。

辛いもの好きな私は、唐辛子の種を取り除かずにそのまま使いますが、辛みをおさえたい場合は、唐辛子の種を取り除くか、半量をししとうに置き替えて作るといいでしょう。

青唐辛子は最近では、1年中見かけるようになりましたが、やはり夏の光を浴びた出盛りのもので作ると、おいしさがひと味もふた味も違うようです。

材料(作りやすい分量)　青唐辛子120g　サラダ油大さじ1　〈A〉砂糖大さじ5　日本酒½カップ　みりん¼カップ　味噌200g　〈B〉白いりゴマ大さじ3　ゴマ油小さじ1

作り方　①青唐辛子はヘタを取って種ごと小口切りにする。②鍋にサラダ油と①を入れて最初は中火、全体に油が回ったら弱火にしてしんなりするまで炒める。③〈A〉を入れ、弱火で底から混ぜるようにして火を通す。④ぽってりとツヤが出てきたら〈B〉を加え、ひと混ぜして火からおろす。冷めてからびんに詰めて冷蔵庫で保存する。

＊唐辛子を扱うときは、使い捨てのビニール手袋が必須アイテム。素手で唐辛子を触ったあとにうっかり目をこすったりすると大変！　ご注意を。

ピリ辛豆乳冷やし麺

材料(2人分)　中華麺2玉　キュウリ½本　トマト1個　〈A〉唐辛子味噌大さじ2　醤油ミンチ(P42参照)・黒すりゴマ各大さじ3　豆乳1カップ　醤油大さじ1　酢大さじ2　長ネギ⅓本

作り方　①キュウリはせん切り、トマトは半分に切って薄切りにする。長ネギはみじん切りにする。②ボウルに〈A〉を入れて混ぜ合わせ、冷蔵庫で冷やす。③中華麺を茹でて冷水に取り、氷水でしめる。ザルにあげて水気をしっかり切る。④②に③を入れてあえる。汁ごとうつわに盛り、トマトとキュウリを添える。

ジャガイモとインゲンの唐辛子味噌炒め

材料(4人分)　ジャガイモ3個　揚げ油適量　インゲン12本　〈A〉唐辛子味噌大さじ3　水・日本酒・みりん各大さじ1

作り方　①ジャガイモは皮をむいてひと口大に、インゲンは半分に切る。②水気をしっかり拭き取ったジャガイモを熱する前の油に入れて中火にかけ、泡が立ちはじめたら火を少し弱めて串がスッと刺さるようになるまで火を通す。③鍋に軽く油を切った②を入れて中火にかけ、インゲンを加えて炒める。④③に〈A〉を合わせたものを加えて中火で煮絡める。

column 1

日本酒で作る 簡単うまみ調味料

わが家の定番、「香港粥《がゆ》」を作るときに欠かせないのが、「干し貝柱の日本酒漬け」です。その名のとおり、かちかちに乾燥した干し貝柱を日本酒に漬けておくだけのものなのですが、これがなかなか便利なスグレモノなのです。

これさえあれば、香港粥もあっという間にできてしまいます。なにしろ具材は日本酒に漬けておいた貝柱をほぐすだけで十分ですし、だしは貝柱を漬けておいた日本酒を使うのですから簡単です。あとは、塩と生姜のせん切り、ゴマ油をたらすだけでおいしいお粥のでき上がりです。だしを取る手間も、貝柱を戻す時間もかからないというのは、忙しいときにも本当に便利です。

私は干し海老も同様にして日本酒に漬けているのですが、こちらも炊き込みごはんに入れたり、細かく刻んで炒め物やスープに使ったりと大活躍です。

作り方は、とても簡単。干し貝柱を空きびんの⅓まで入れて、日本酒を口いっぱいまで注ぐだけ。干し海老も同様にして漬けます。冷蔵庫に入れて、翌日から使えます。

海の味がギュッと詰まった「干し貝柱の日本酒漬け」はこのひとびんで、だしにも具材にも使える簡単うまみ調味料です。わが家ではサンラータンや大根の煮物にもこれを使っています。

お酒に漬けているので冷蔵庫で保存すれば3カ月はもちます。

そうそう、日本酒で作る調味料がもうひとつあります。白身魚のお造りをいただくときや、おひたし、あえ物に使う「煎《い》り酒」です。江戸時代に使われていたという調味料なのですが、醤油が普及していくにしたがって廃《すた》れていったのだとか。江戸料理のお店ではじめて口にして、それ以来、気に入って自分でも作っています。さて、こちらは作り方は簡単ですが、煮詰める時間が少々かかります。

日本酒1・5カップに昆布5㎝角2枚、大きな梅干しを2個入れて弱火にかけます。沸騰直前に昆布を取り出し、梅干しをほぐして日本酒が半量になるまで弱火で煮詰めます。火を止める直前にひとつまみのかつお節を入れてさっと混ぜ、5分おいてから漉し、びんに入れて冷蔵庫で保存します。お造りやおひたしをこの「煎り酒」でいただくと、梅の酸味と昆布とかつおのうまみがふわっと口に広がって、なんともいえないおいしさなのです。素材の味がそのまま出るので、日本酒は純米酒で、梅干しは塩のみで漬けた昔ながらのしょっぱい梅干しで作るのがお約束です。

「煎り酒」は醤油の普及によって忘れられていた調味料でしたが、最近は素材の味を生かす調味料として、再評価されています。冷蔵庫で保存すれば、2週間ほどもちます。

実山椒の塩漬け

毎年5月の終わりになると、京都の母が実山椒を送ってくれます。段ボールを開けると、柑橘系のさわやかな香りが、部屋いっぱいに広がります。軸や葉を取り除くのは、なかなか根気のいる作業ですが、オットにも手伝ってもらいながら塩漬けを作るのが、この季節の楽しみでもあるのです。

一般的に実山椒は、茹でて冷凍庫で保存することが多いようですが、塩漬けにすると常温保存が可能ですし、1年中、鮮やかな色を保つことができます。使うときは1時間ほど水にさらして、塩抜きしてからどうぞ。

材料（作りやすい分量）　実山椒200g　水2カップ　粗塩200g

作り方　①実山椒についた軸と葉を取り除いて水洗いする。②たっぷりの湯で①を10分ほど茹でてザルにあげる。③分量の水を沸かして塩を入れる。よく混ぜて塩を溶かし（溶け切らなくていい）、冷ます。④びんに②を入れ、③をかぶるぐらいまで注ぎ入れて、実山椒が空気に触れないように塩（分量外）で覆うようにして、冷暗所で保管する。

＊色の鮮やかさを保つには塩でしっかり覆って空気に触れさせないのがいちばんです。塩漬けにしたあとにアクが出て、塩水や塩が茶色くなってきたら、新しい塩水と塩に取り替えます。

ちりめん山椒

材料(作りやすい分量)　ちりめんじゃこ100g　日本酒1カップ　実山椒の塩漬け(塩抜きする)大さじ3～4　〈A〉みりん小さじ2　薄口醤油大さじ1　濃口醤油小さじ1

作り方　①たっぷり沸かした湯にちりめんじゃこを入れて10秒ほど茹でてザルにあげる。バットに広げ、10分ほど風に当てて軽く水分を飛ばす。②日本酒とちりめんじゃこを鍋に入れて、ひと煮立ちしたら実山椒を加えて中火で1～2分煮る。〈A〉を加えて全体に味が回るようにかき混ぜながら煮る。③鍋底にほんの少し煮汁が残っているぐらいで火からおろし、バットなどに広げて冷ます。完全に冷め切って少し乾いてからびんに詰めて冷蔵庫で保存する。1週間で食べ切る。

＊ちりめんじゃこは、小ぶりのものがおすすめです。

あじのネギ山椒がけ

材料(4人分)　あじ(刺身用に3枚におろしたもの)1尾分　実山椒の塩漬け大さじ1　青ネギの小口切り大さじ5　生姜½かけ　醤油適宜

作り方　①実山椒は流水で塩を洗い流して10分ほど水にさらす。生姜はせん切りにして水にさらす。②実山椒についた水気を拭き取って、包丁で叩く。青ネギも合わせてまとまるまでしっかり叩く。③あじは、包丁を寝かせ気味にして5㎜の厚さのそぎ切りにする。なるべく重ならないように皿に並べ、②をまんべんなくのせ生姜を散らす。

＊実山椒の塩気があるので、醤油はお好みでどうぞ。

菜の花の昆布〆

春の訪れを知らせるかのように、2月の終わり頃になるとスーパーや八百屋さんの店先に菜の花が並びます。彩りの乏しい季節だからか、若草色の菜の花を目にすると、つい手がのびてしまいます。

菜の花は傷みやすいので、買ってきたら、すぐに茹でましょう。茹で加減はまだ硬いかな、というぐらいで引き上げ、歯ごたえを残すのがおいしく作るポイントです。昆布〆にすれば、昆布のうまみがしみ込んで、上等な味わいになります。また、卵焼きに巻き込んだり、お寿司に散らしたりと、このびん詰めがあると食卓が華やぐことうけ合いです。

材料(菜の花1束分)　菜の花1束　塩(茹でる湯の量の2%)　昆布20cm　日本酒大さじ2

作り方　①菜の花をびんに入る大きさに切る。鍋に沸かした湯に塩を加え、菜の花を茎の太い部分から順に入れて、歯ごたえが残る程度に茹でる。ザルにあげてうちわであおいで冷ます。②日本酒を浸したキッチンペーパーで昆布の表面を拭き、びんに入る大きさに切る。③びんの底に昆布を敷き、菜の花を重ならないように並べ、その上に昆布、菜の花と交互に重ねる。上に重石(小皿を2枚ほど重ねて置く)をかけて冷蔵庫で6時間〜半日なじませる。

菜の花と海老の押し寿司

材料(4人分)　海老10尾　炊きたてのごはん3合分　昆布15cm　すし酢(P206参照)60cc　卵2個　新生姜の甘酢漬け(P52参照)30g　菜の花の昆布〆50g

作り方　①海老の背に沿って竹串を打ち、塩を入れた湯で5分茹で、ザルにあげて冷ます。串を回しながら抜いて殻をむく。2枚におろし、すし酢少々(分量外)をまぶす。②ごはんにすし酢を合わせ、切るように混ぜて粗熱を取る。③卵を溶きほぐして日本酒大さじ1と塩ひとつまみ(分量外)を加え、ザルで漉す。フライパンで薄く焼いてせん切りにし、錦糸卵を作る。④押し寿司の型にラップを敷いて海老と菜の花を隙間なく並べる。酢飯の半量をのせてしっかりと押さえる。⑤錦糸卵とせん切りにした甘酢生姜を散らして残りのごはんをのせ、しっかり押してから型を外し、切り分ける。
＊押し寿司の型がなければ、弁当箱やケーキの型で代用できます。

菜の花の昆布〆を使ったアレンジ

鯛の菜の花巻き

材料(4人分)　鯛(刺身用)1さく　塩少々　すだち1個　菜の花の昆布〆適量

作り方　①鯛は薄いそぎ切りにしてバットに並べる。塩少々とすだち$\frac{1}{3}$個分の果汁を振りかけ、10分ほどおく。②①で菜の花を2本巻く。皿に盛り、塩とすだちを添える。

＊塩とわさびでもおいしくいただけます。

おかずきのこ

ごはんのおともとして人気の高い「なめ茸」をイメージして作ったきのこたっぷりの醤油煮です。きのこ類は水分が多くて傷みやすいのですが、醤油煮にして水分を抜くので、2週間ぐらい日もちします。また、甘さを控えめにしているので、他の料理にもアレンジしやすく、とても重宝します。〝おかずきのこ〟の名前のとおり、ごはんのおかずにするもよし、麺類に添えたり、卵焼きに入れてもおいしくいただけます。このレシピでは、4種類のきのこを使っていますが、手に入るものなら何を使ってもOK。お好みのきのこで作ってみてください。

材料(作りやすい分量)　しいたけ4枚　しめじ1パック　えのきだけ1袋　エリンギ2本　醤油¼カップ　〈A〉日本酒¾カップ　みりん⅓カップ　昆布6㎝

作り方　①しいたけ、しめじ、えのきだけは石突きを切り落とす。エリンギは半分に切って薄切りに、えのきだけは半分に切ってほぐす。しめじもほぐし、しいたけは5㎜の薄切りにする。②鍋に〈A〉を入れて1時間ほどおく。弱火にかけて昆布から気泡が上がってきたら醤油と①を入れる。③きのこがしんなりしてかさが減ってきたらときどきかき混ぜながら10〜15分煮る。完全に冷めてからびんに入れる。

＊きのこが煮汁から顔を出すようであれば、空気を抜くようにしてラップで押さえてからふたをしましょう。

きのこ玉

材料(2人分)　卵2個　おかずきのこ50g　サラダ油小さじ2

作り方　①ボウルに卵を割り入れて溶きほぐし、おかずきのこを加える。②フライパンを強火で熱してサラダ油をなじませ、①を流し込む。③手早くかき回して、固まってきたら形をととのえて焼く。

＊味付けは、おかずきのこについた煮汁で十分ですが、お好みで塩や醤油、砂糖を加えて調整してください。

冷やしきのこおろしうどん

材料(2人分)　おかずきのこ120g　オクラ4本　めんつゆ適量　大根おろし1/5本分　おろし生姜1かけ分　うどん2玉

作り方　①オクラは板ずりをしてからさっと茹でて小口切りにする。②うどんを茹でて冷水に取り、ザルにあげる。③うつわに②と①、おかずきのこ、大根おろしと生姜をのせてめんつゆをかける。

醤油ミンチ

忙しいときに大活躍なのが、この〝醤油ミンチ〟です。そのまま炊きたてのごはんにのせてもおいしいし、ピリ辛豆乳冷やし麺（P26）や、トマト麻婆豆腐（P234）に使ったり。みじん切りにした野菜と一緒にカレー粉で炒めれば、ドライカレーだって簡単にできてしまいます。

ニンニクや香辛料を使わずに、醤油と日本酒だけのシンプルな味付けなので、和食、洋食、中華、エスニックと、料理を選ばずに使えるのが醤油ミンチの魅力です。時間のあるときにたくさん仕込んでおくと、とても重宝します。

材料(作りやすい分量)　豚ひき肉300g　サラダ油・日本酒各大さじ1　醤油大さじ2

作り方　①強火で熱したフライパンにサラダ油を入れてひき肉をほぐしながら炒める。②肉の色が変わってきたら日本酒と醤油を回し入れ、中火で水分を飛ばすようにじっくり炒める。ひき肉の水分が飛んで、澄んだ油がしみ出してきたら完成(水分が飛ぶと油がはぜてピチピチと音が大きくなってくる)。③冷めて脂が固まってきたら、かき混ぜてびんに保存する。

＊ひき肉は傷みやすいので、しっかり炒めて水分を飛ばします。ラップで表面を覆ってからふたをして、冷蔵庫で保存すると、10日間ぐらいもちます。

LEA

ソース焼き飯

材料(2人分)　醤油ミンチ大さじ6　玉ネギ½個　ごはん茶碗2杯分　サラダ油・ウスターソース各大さじ1　塩・こしょう・紅生姜(P54参照)各少々

作り方　①強火で熱したフライパンに油をなじませ、みじん切りにした玉ネギを炒める。②玉ネギに透明感が出たら、醤油ミンチとごはんを加えてさらに炒める。③ごはんがほぐれたら鍋肌からソースを回し入れ、塩・こしょうで味をととのえる。皿に盛り、紅生姜を添える。

＊ピーマンを入れたり、ウスターソースを減らして醤油を少し加えてもおいしいです。

おやつお好み

材料(8枚分)　卵2個　小麦粉大さじ5　サラダ油適量　青のり適量
〈A〉長イモ100g　マヨネーズ・醤油各大さじ1　醤油ミンチ大さじ6
〈B〉キャベツ150g　紅生姜(P54参照)25g　天かす(あげ玉)10g　かつお節3g

作り方　①キャベツは5㎜幅のせん切りにする。長イモはすりおろす。ボウルに卵を入れて溶きほぐし、〈A〉を加えて混ぜ合わせる。②①に小麦粉をふるい入れて〈B〉を加え、さっくり混ぜ合わせる。③熱したフライパンに油を引き、②を直径8㎝ぐらいになるように流し入れる。④弱火でじっくり焼き、ふちが乾いてきたら裏返して焼き目をつける。⑤焼き上がったら網にのせ、はけで醤油(分量外)をさっと塗って青のりを振って冷ます。

ニンニク味噌

自宅で仕事をすることが多いわが家のランチは「手早くシンプルに」がモットー。必然的に麺類が多くなります。なかでも和風味噌ラーメン（P49）は頻繁に登場する人気メニューのひとつ。おいしいし、スタミナも満点です。〝ニンニク味噌〟さえ仕込んでおけば、もやしとニラと豚肉を炒めるだけで、簡単に味噌ラーメンのでき上がり。

たっぷりのニンニクを使っていますが、生姜と一緒にじっくりと加熱してあるので、においはあまり気になりません。

材料(作りやすい分量)　ニンニク2房　生姜大1かけ　サラダ油大さじ2　〈A〉日本酒½カップ　砂糖大さじ3　味噌200g　みりん・韓国唐辛子(中挽き)各大さじ2

作り方　①鍋にサラダ油とみじん切りのニンニクを入れて弱火でじっくり煮るようにして炒める。刺激臭がなくなってきたら、みじん切りの生姜を加える。②ヘラで押してニンニクが崩れるようになったら、〈A〉を加えて焦げつかないように弱火で練り上げる。ツヤが出てぽってりしたら冷ましてからびんに詰める。

＊味噌は甘い麦味噌や白みそなどより、赤味噌系がおすすめです。
＊韓国唐辛子が手に入らない場合は、一味唐辛子を少量加えるといいでしょう。

野菜スティック

材料(4人分)　大根・ニンジン・パプリカ・キュウリ・ルッコラなど各適量　白いりゴマ大さじ3　〈A〉ニンニク味噌大さじ2　マヨネーズ大さじ3　酢小さじ2

作り方　①野菜はスティック状に切る。②すり鉢でゴマをすり、〈A〉を入れてしっかりすり混ぜる。①に②を添える。

＊マヨネーズの代わりに、しっかり水切りした豆腐を少量使ってもおいしいです。その場合は、サラダ油、塩、酢を少々追加して味をととのえます。

和風味噌ラーメン

材料(2人分)　かつおだし900cc　中華麺2玉　もやし1袋(200g)　ニラ½把　豚ばら肉薄切り80g　サラダ油・ゴマ油各小さじ1　塩・こしょう各少々　〈A〉ニンニク味噌大さじ4～5　醤油大さじ1と½

作り方　①〈A〉にだしを適量加えて溶きのばす。②たっぷりの湯で中華麺を茹でる。③強火で熱した鍋にサラダ油を引き、食べやすく切った豚肉を入れて炒める。もやしとニラを加えて軽く塩・こしょうを振る。④③に①とだしを加えてひと煮立ちしたら、ゴマ油をたらし、塩・こしょうで味をととのえる。⑤どんぶりに茹でた中華麺と④を入れる。

＊かつおだしで作るので、さっぱりと仕上がります。お好みで、かつおだしを鶏のスープに代えてもおいしいですよ。

column 2

私が使っている調味料のこと

おいしい料理を作るにはいい調味料を使うことが大切です。調味料がいいと、料理の仕上がりがひと味もふた味も違ってきます。添加物を使わずに手間ひまかけて作られた調味料は、少し値段が張るかもしれませんが、舐めて、飲んでと、自分の舌で味見をして、おいしいと納得できるものを使いましょう。

塩　精製されていないミネラル豊富な自然塩を使っています。調理中の味付けに使うときは粒子の細かいものを。お漬けものなどには、粒子の粗い「粗塩」を使います。

砂糖　精製されていないコクのある「きび砂糖（粗糖）」を使っています。色をつけたくないときや、ジャム、コンポートなどにはすっきりとした甘さの「グラニュー糖」を使います。

醤油　無添加で昔ながらの製法で作られた、「丸中醤油」を使っています。濃口醤油でありながら、色が薄めで、うまみのある醤油です。

日本酒　米と米こうじだけで作られた純

米酒を使っています。おいしい日本酒を使うと、さらにワンランクアップのおいしさになります。

味噌　自家製の米味噌を使っています。米こうじの割合を少し多めにして仕込むので、ほんのり甘めの味噌です。

酢　白米を原料として作られた、まろやかでうまみの強い「千鳥酢」（米酢）を使っています。

みりん　コクとうまみがあり、ツヤよく煮上がる「三河みりん」を使っています。以前、デザートワインとして出されたものを、みりんと気づかずに飲み干したことがあるほど、おいしいみりんです。

油　この本のレシピで「サラダ油」と表記してあるものは、クセのない「米油」を使っています。「ゴマ油」は、ゆっくりと圧力をかけてゴマをしぼった玉締めしぼりのものを使っています。和食の煮物などには、煎りが浅くてまろやかな味わいの淡い色のもの、炒め物や韓国風の料理には、深煎りでコクがある濃い色のものを使います。オリーブオイルは香りのいいエクストラバージンオリーブオイルを使います。

バター　有塩、無塩ともに、カルピスバターを使っています。フレッシュなミルクのうまみがありつつ、あっさりとしているので、そのまま食べられるぐらいです。

新生姜の甘酢漬け

お寿司屋さんに行くと、必ず出てくるのが新生姜の甘酢漬けです。〝ガリ〟といったほうがわかりやすいでしょうか。キリッとした辛さで口の中をさっぱりさせてくれる昔ながらの優秀な〝お漬けもん〟です。

　実はこのガリ、簡単に作れて、他のお料理にもいろいろ使えるんです。わが家では細かく刻んでおいなりさんに混ぜたり、酢豚を作るときに仕込み液を入れて使ったりと、何かと役立っています。新生姜の出回る6月になったら、ぜひ一度、挑戦してみてください。冷蔵庫で保存すれば1年はもちます。

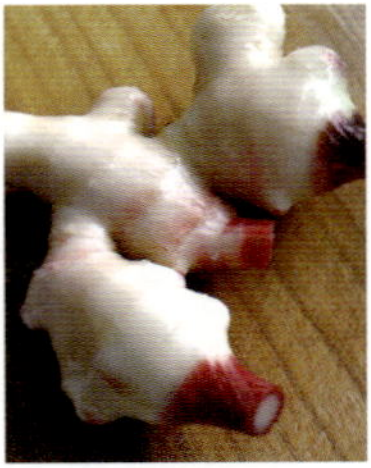

材料(作りやすい分量)　新生姜400g　〈A〉酢1カップ　砂糖大さじ3　塩小さじ1強

作り方　①〈A〉を鍋に入れて砂糖と塩を煮溶かして冷ます。②新生姜は適当な大きさに切り分け、タワシでこすって汚れを落とす(皮はむかなくてもいい)。繊維に沿ってできるだけ薄く切り、たっぷりの水に10分ぐらいさらす。③鍋に湯を沸かし、水気を切った②を入れて1分茹でる。④ザルにあげて水気をしっかり切り、びんに入れる。新生姜が熱いうちに①を注ぎ入れてさっとかき混ぜる。完全に冷めたらふたをして冷蔵庫で保存する。

＊甘さ控えめで生姜の辛みを残したレシピです。辛いのが苦手な人は、②の茹で時間を3分ぐらいにするといいでしょう。

紅生姜

お好み焼きやたこ焼きといった〝粉もん〟が大好きなわが家では、紅生姜は必需品。といっても市販のものは着色料が使われていたり、アミノ酸が強烈だったりと好みの味ではありません。そこで、生姜、塩、赤梅酢だけで添加物なしの紅生姜を漬けることにしたのです。赤梅酢は、毎年梅干しを漬けているのでたっぷりあります。ただ、何度か漬けてみてわかったのですが、赤梅酢だけだと、どうしても塩気がきつくなるようです。そこでりんご酢をプラスして、ようやくたどり着いたのが、このレシピ。さっぱりしていて、おいしいですよ。

材料（作りやすい分量）　新生姜500g　〈A〉水500cc　塩25g　〈B〉赤梅酢100cc　りんご酢50cc

作り方　①新生姜の皮をタワシでこそげ取る。〈A〉を合わせて塩を溶かした中に、新生姜を入れて冷蔵庫で3日間下漬けする。②①の水気を拭き取ってザルに並べて半日干す。③〈B〉を合わせたものに②を漬け込む。1週間たったら、軽く水気を拭き取ってもう一度半日干す。④〈B〉の漬け込み液をもう一度用意して③を漬け込む。びんに漬け込み液ごと入れる。生姜が液から出ないように、ラップで覆っておく。

＊常温での保存が可能ですが、色が褪《あ》せやすいので冷蔵庫で保存しましょう。半年ぐらいもちます。

しば漬け

わが家では白いごはんになくてはならないのがしば漬けです。おいしいしば漬けを食べると「日本に生まれてよかった」と、つくづく思います。

ところで、しば漬けは赤紫蘇と塩だけで漬けるから「しば（紫葉）漬け」というのをご存じでしたか？

このレシピでは調味液を使わず、昔ながらの伝統製法で漬けています。ナスだけでなく、キュウリやミョウガ、生姜も入れて作るのがわが家流。コリッとしたキュウリの食感を残すのが、おいしさのポイントです。

材料(作りやすい分量)　ナス2本　キュウリ2本　新生姜1かたまり　ミョウガ4個　赤紫蘇(茎を取り除いた葉のみ)40g　塩適量

作り方　①ナスは1cmの半月切りにして水にさらす。キュウリは1cmの斜め切り、新生姜は皮をむいて5mmの厚さに、ミョウガは4つ切りにする。野菜の重量の3%の塩をまぶす。②水気が出てきたら、野菜の重量の2倍の重石をのせて室温で2〜3日おく。③水分が出て、キュウリがコリッとした食感になれば下漬け完了。④水洗いした赤紫蘇に塩小さじ1を振り、手で揉む。アクが出るのでしぼる。さらに塩小さじ1で揉んで汁をしぼる。⑤③に汁気を切った④をほぐして加え、②のときの半分の重石をかけて室温で1日おく。びんに詰めて冷蔵庫で保存する。10日後からが食べ頃。

＊冷蔵庫で2〜3カ月の保存が可能。

柚子大根&はりはり漬け

大根の甘みが増す冬になると、わが家でははりはり漬けと柚子大根を作ります。大根は頭、真ん中、尻尾と使う部分によってずいぶんと味や食感が違う野菜です。お漬けもんを作るときは、歯ごたえのある頭の部分を使うのがいいでしょう。ちなみに私は、真ん中の柔らかい部分は煮物に、先っぽの辛い部分は大根おろしにと、使い分けています。さて柚子大根は、お鍋を食べているときの、お口冷やしにもなりますし、ピリッと辛いはりはり漬けは熱燗にも好相性。どちらも冬の食卓に欠かせない名脇役です。大根を買ってきたら、ぜひお試しくださいね。

材料(作りやすい分量)　大根1/3本　粗塩適量　柚子の皮適量　鷹の爪1本　昆布10cm　かつお節ふたつまみ　〈A〉砂糖・酢各小さじ1　〈B〉醤油・みりん各大さじ2　酢大さじ1

作り方　①大根は長さを3等分にして皮を厚くむく。1.5cm角の拍子木切りにして皮と一緒にザルに並べてひと晩風干しする。②[柚子大根]大根を洗って水気をつけたまま、重量の2.5%の塩をまぶす。しんなりしたら重量の2倍の重石をかけて室温で2〜3日おく。③透明感が出て、しんなりすれば下漬け完了。〈A〉、種を取り除いた鷹の爪1/2本と昆布1/2量、せん切りの柚子皮を加える。④[はりはり漬け]干した皮と残りの昆布を2cm幅に切り、びんに入れる。鷹の爪1/2本と〈B〉を注ぎ入れる。かつお節をお茶パックに包んで、上にのせる。ともに冷蔵庫で保存。翌日から食べられる。

簡単白菜漬け

簡単白菜漬け

母が漬ける白菜のお漬けもんが恋しくて、自分でも漬けるようになったのが20年前。以来、毎年冬になると大量に仕込み、切らしたことがありません。

白菜漬けの面白さは、漬けはじめは浅漬けのようなさっぱり味、時間がたつと酸味とうまみが増してきて、味の変化が楽しめること。四等分した白菜の葉一枚一枚に、塩をすり込んで漬け込むのが一般的ですが、手間がかかるし、茎と葉の部分で味にバラつきも出てしまいます。そこでわが家では白菜を刻んでから漬けています。この方法だと塩をまぶすのも簡単だし、味も均等になります。

材料(作りやすい分量)　白菜½株　粗塩適量(白菜の重量の2%)　柚子の皮適量　昆布10㎝　鷹の爪1〜2本

作り方　①白菜は半分に切り、ザルにのせてひと晩風干しする。②白菜の重さをはかり、ざく切りにして水洗いする。③ボウルに白菜と白菜の重量の2%の塩を入れ、混ぜる。1時間ほどおいてしんなりしたら、表面をラップで覆って白菜の重量の2倍の重石をのせ、室温で2〜3日おく。白菜から出た水の色が少し濁って酸味が出てきたら、下漬け完了。④小さく切った昆布と種を取った鷹の爪、柚子の皮を加えて重石を半分にしてもう1日漬ける。⑤すぐに食べる分はびんに詰め、残りは保存用ビニール袋に入れて冷蔵庫で保存する。
＊冷蔵庫に入れてからも少しずつ発酵は進みます。

column 3

フレーバーオイルは魔法の隠し味

ベランダのハーブがわんさと茂ると、オリーブオイルに漬け込んでフレーバーオイルを作ります。フレーバーオイルとは、植物油にハーブと、そのハーブと相性のいいスパイス類を漬け込んで、風味を移したものをいいます。

　私がいつも作るのは、ローズマリーとセージを漬けたもの。肉や魚をグリルする前にこのオイルでマリネしたり、焼くときに、そして仕上げにといろいろな場面で使えます。

　もうひとつはピリッと辛いカラブリア産の赤唐辛子を漬けたフレーバーオイルで、パスタやピッツァにひとかけすると、キリッとした辛みと香りが加わって、大人の味に変身します。

　作り方は簡単です。ハーブを洗ってから水気を残さないように拭き取って、オリーブオイルに漬け込むだけ。お好みで粒こしょうやニンニクを入れてもいいでしょう。

　毎日、ボトルを振って1週間ぐらいで完成です。なるべく日が当たらない場所に置いて2カ月ぐらいで使い切るのがいいでしょう。

第2章

料理の幅がぐんと広がる
洋惣菜のびん詰め

砂肝のコンフィ

コンフィとは、食材を油脂に浸けて、低温でゆっくりと時間をかけて加熱する調理法です。本格的な作り方では、ラードなどの動物性脂肪を使用するのですが、わが家のコンフィは、手に入れやすくて風味がいいオリーブオイルで作ります。なかでもおすすめなのが砂肝のコンフィ。コリコリとした食感が、しっとり柔らかに変身します。これがお酒のおつまみとして大活躍なのです。たとえば、ニンニクと、茹でて角切りにしたジャガイモを一緒に炒めて、塩・こしょうをパラリ。白ワインにぴったりの一品が、あっという間に完成です。

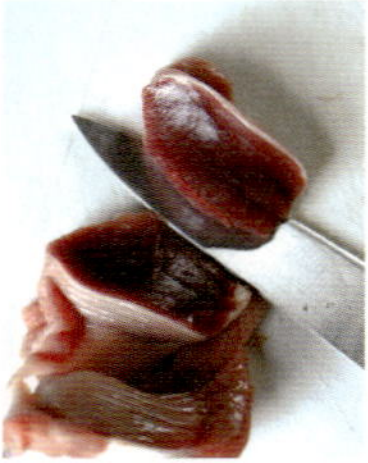

材料(作りやすい分量)　砂肝200g　オリーブオイル適量　〈A〉塩6g　白ワイン大さじ1　オールスパイス・こしょう(粒)各10粒　ニンニク1かけ

作り方　①砂肝は白い筋を包丁でそぎ取る。ビニール袋に砂肝と〈A〉を入れ、冷蔵庫でひと晩寝かせる。②①をザルにあけて水洗いする。キッチンペーパーで水気を取る。③鍋に砂肝を入れ、オリーブオイルをひたひたに注ぎ、中火にかける。砂肝から細かい泡が立ちはじめたら100度のオーブンで約2時間加熱する。④砂肝と鍋に残った油を(底の汁と沈殿物は入れない)びんに入れる。

＊オーブンが100度に設定できない場合は、コンロのごく弱火で2時間ほど煮る。

レバーペースト

レバーが苦手な私が唯一食べられるレバー料理がこれ。ペーストにすることで、レバーのもそっとした食感がなくなり、野菜の甘み、バターとブランデーの風味が、特有の臭みを消してくれます。

おいしく作るコツは、新鮮なレバーを買うことと、野菜をじっくり炒めて甘みを出すこと、そしてブランデーを加えてフランベし、香ばしさを出すことの3つです。もっと濃厚な味がお好みであれば、フードプロセッサーにかけるときにバターを足し、逆にさっぱりさせたいときは、野菜の量を増やすといいでしょう。

材料(作りやすい分量)　鶏レバー300g　ニンニク2かけ　玉ネギ150g　セロリ60g　白ワイン½カップ　オリーブオイル大さじ1　無塩バター50g　ブランデー大さじ2　塩・こしょう各適量

作り方　①レバーは筋や脂肪を取って冷水に浸けて血抜きし、3等分に切る。②フライパンにオリーブオイルとつぶしたニンニクを入れて弱火で炒める。玉ネギとセロリの薄切りを加え、塩小さじ½を加えて中火で炒める。焦げそうになったら、白ワインを少しずつ入れる。③②がきつね色になったら、バターを加え、水気を拭き取ったレバーを入れる。強火で炒め、ブランデーを加えてフランベする。④粗熱を取り、こしょうを加えてフードプロセッサーにかける。塩で味をととのえる。びんに詰めて、表面を平らにならしてラップで覆う。

LaPa

リエット

豚ばら肉をほろほろになるまで煮込んで作るリエット。レストランで出てくるリエットは、ラードたっぷりの濃厚なものが多いのですが、私のレシピは脂控えめに仕上げています。くどくないので、バゲットにたっぷり塗ってピクルスをのせ、朝ごはんにいただくのもおすすめです。

　びんに詰めるときに空気が入らないようにきっちり押し込み、煮込むときに出た脂か、ラップで表面を覆っておけば冷蔵庫で2週間ぐらい、さらに脱気を完璧に施しておけば、半年はゆうにもちます。

材料（作りやすい分量） 豚ばら肉ブロック700g　ベーコン50g　ニンニク3かけ　オリーブオイル大さじ1　白ワイン・水各300cc　ローリエ1枚　〈A〉塩小さじ½　こしょう少々　〈B〉セロリの葉適量　セージ3枚　タイム1本　〈C〉クミン・コリアンダー各小さじ1と½　オールスパイス・こしょう・カイエンペッパー各少々

作り方　①豚肉は角切りにして〈A〉を揉み込む。②鍋にオリーブオイルを入れて、薄切りのニンニクとベーコン、ローリエを炒める。③豚肉を炒め、たこ糸で縛った〈B〉、白ワインと水を加える。アクを取り、塩小さじ½を入れてふたをして弱火で2時間煮る。④肉が柔らかくなったら強火で汁気を飛ばす。〈B〉を取り除いて肉をザルにあけ、脂を取る。⑤肉をフードプロセッサーにかけ、塩、〈C〉で味をととのえ、お好みで④で取り分けた脂を加える。

パプリカのオイル漬け

パプリカを焼き網にのせて、ときどき裏返しながら焼くこと十数分。まっ黒に焼けた皮をむくと、色鮮やかな果肉がつるりと顔を出して、甘い濃厚な香りが部屋中に広がります。丸ごと焼くことで、蒸し焼き状態になった果肉は甘くてとろとろに。その果肉をニンニクと一緒にオリーブオイルに漬け込みます。

　実はこれ、オットのリクエストNo.1のわが家の定番おつまみでもあります。シンプルな味付けで仕上げているので、パスタに入れたり、お肉料理のつけ合わせにもおすすめです。冷蔵庫で1週間ぐらいもちます。

材料(パプリカ2個分)　パプリカ赤・黄 各1個　ニンニク1かけ　鷹の爪1本　オリーブオイル適量　塩小さじ½　こしょう・オリーブ各適量

作り方　①パプリカは、焼き網にのせて中火にかけ、頭からお尻まで、表面が真っ黒に焦げるまで焼く。②新聞紙でくるんで5分ほどおくと、皮がふやけてむきやすくなる。皮をむいて種を取り、細長く切る。③びんに入れて塩をまぶす。つぶしたニンニク、種を取った鷹の爪、細切りにしたオリーブ、こしょうを入れ、オリーブオイルをかぶるぐらいまで注ぎ入れて冷蔵庫で保存する。翌日から食べ頃。

＊オーブンで焼く場合は250度でひっくり返しながら20〜30分焼く。

カポナータ

夏野菜をたっぷり使ったイタリアの家庭料理です。レーズンと白ワインビネガーを使って、シチリア風に仕上げると、甘酸っぱい風味が胃袋を刺激して、食欲のない夏でもたくさん食べられます。

また、カラフルな夏野菜の色合いと濃縮された香りもおいしさのひとつです。温かいままでも、冷やしてもおいしいカポナータは、細かく刻んで、肉のソテーや魚のグリルのソースとしても使えます。また、カッペリーニ（細めのロングパスタ）で作る冷製パスタのソースにもなる便利なびん詰めです。

材料(作りやすい分量)　玉ネギ1個　パプリカ赤・黄各1個　トマト2個　ズッキーニ1本　ナス2本　ニンニク1かけ　オリーブオイル大さじ4　〈A〉レーズン大さじ3　タイム2〜3本　白ワインビネガー大さじ1　塩小さじ1弱

作り方　①ズッキーニとナスは1cmの輪切り、玉ネギ、パプリカ、トマトは3cm角に切る。②ズッキーニとナスの両面に塩を軽く振り10分おく。キッチンペーパーで押さえて水気を取り、オリーブオイル大さじ2を引いたフライパンで焼く。③厚手の鍋に残りのオリーブオイルとつぶしたニンニクを入れて弱火にかける。④ニンニクの香りが出たら、玉ネギとパプリカ、トマトを炒めて、〈A〉と②を加えてふたをして中火で10分煮る。ふたを取り、強火にして水分を飛ばす。

ナスのオイル漬け

どんな食材も新鮮なうちに食べてしまうのがいちばんおいしいのですが、たくさんあって食べ切れないときは、もったいないので、びん詰めにして保存するのが、私流です。とくにナスは、冷蔵庫に入れておくとすぐに傷むので、オイル漬けにするのがおすすめです。

塩水に浸けるとナスの余分な水分が抜けてうまみが増し、シコシコとした歯ごたえが生まれます。これを軽く焼いてからオイル漬けにしておくと、2週間はおいしくいただけるのです。

ズッキーニも同様にして、おいしく作れますよ。

材料(作りやすい分量)　ナス4本　オレガノ1～2本　鷹の爪1本　ニンニク2かけ　オリーブオイル適量　〈A〉水500cc　粗塩25g

作り方　①〈A〉をボウルに入れて塩を溶かし、1cmの輪切りにしたナスを浸けて30分おく。②①を手に取り、両手で押さえるようにしてぎゅっとしぼって水気を切る。③焼き網か、オリーブオイルをなじませたフライパンで②に焼き目をつける。④びんにナスとスライスしたニンニク、種を取ってちぎった鷹の爪、オレガノを入れ、オリーブオイルをかぶるぐらいに注ぐ。

＊そのまま食べてもおいしいですが、パスタやサンドイッチの具材にももってこいです。

フレッシュアンチョビのオイル漬け

市販のものより塩分を軽くして、フレッシュ感を残したオイル漬けです。春が旬の新鮮なカタクチイワシが手に入れば、簡単に作ることができます。

体長が10㎝ほどの小さなカタクチイワシをさばくのは、けっこうたいへんな作業のように思えますが、包丁を使わずに指先だけでできるので、コツさえつかんでしまえば下処理はあっという間に終わります。塩漬けの状態で冷蔵庫で保存しておけば、1年ぐらいもちますが、しょっぱくなりすぎるので、塩漬けの期間を1カ月くらいで切り上げてオイル漬けにすることをおすすめします。

材料(作りやすい分量)　カタクチイワシ1kg　粗塩・オリーブオイル各適量

作り方　①カタクチイワシは、頭と腹側を切り落として内臓を除き、塩水(3%の濃度)の中で腹の内側を指先でこすり洗いする。②頭のほうから尾に向かって中骨をつまんで開く。同時に腹びれも取り除く。③保存容器の底に塩を敷き、②を並べる。1段並べたら、塩を振り、またイワシを並べる。最後に塩をたっぷりのせて空気に触れないようにラップでぴったり覆ってふたをする。冷蔵庫で1カ月寝かせる。④③を水でさっと洗い、3%の濃度の塩水に30分浸けて塩抜きする。背びれ、皮、尾を取り除いて水気を拭き取ってびんに入れ、オリーブオイルを注ぐ。

＊びんの中に空気が残らないように気をつけましょう。アンチョビがオイルに浸っていないとカビの原因になります。

アンチョビポテト

材料(2人分)　ジャガイモ1個　アンチョビ4〜5枚　玉ネギ⅙個　ピーマン¼個　シュレッドチーズ適量　オリーブオイル小さじ1　塩・カイエンペッパー各少々

作り方　①ジャガイモはきれいに洗って、皮付きのまま茹でるかレンジで加熱する。串がスッと刺さるぐらいまで火が通ったら、1㎝の厚さに切って耐熱皿に並べる。②薄切りにした玉ネギとせん切りのピーマンを塩少々とオリーブオイルであえる。③①に②をのせて、手でちぎったアンチョビ、シュレッドチーズをのせる。230度のオーブンに入れて表面に焼き色がつくまで焼く。お好みでカイエンペッパー少々をかける。

焼き野菜のバーニャカウダソースがけ

材料(4人分)　カリフラワー¼個　カブ大1個　ニンジン½本　〈A〉ニンニク4かけ　アンチョビ5枚　オリーブオイル150cc　パセリの軸・セロリの葉少々

作り方　①ニンニクはつぶす。〈A〉を鍋に入れて中火にかける。②ニンニクからぷつぷつと泡が出るようになったら弱火にしてじっくり火を通す。ニンニクが柔らかくなったらパセリとセロリを取り出して、ヘラでニンニクとアンチョビをつぶす。③食べやすい大きさに切ったカリフラワーとカブ、指の太さに切ったニンジンを焼き網で焼く。④うつわに③を盛り、②をかける。

オイルサーディン

イワシの季節になると、アンチョビのオイル漬けとともにたくさん仕込むのがオイルサーディンです。このレシピではカタクチイワシを使っていますが、小ぶりのマイワシでもおいしく作れます。その場合は、中骨まで柔らかくするのに時間がかかるので、3枚におろしてから仕込むといいでしょう。

　オイルサーディンは、それだけでもおいしく食べられますが、醤油をちょっとたらせばお酒のおつまみに、トマトと組み合わせればイタリアンにも変身させられます。あると便利な〝おかずのもと〟が、このびん詰めなのです。

材料(作りやすい分量)　カタクチイワシ500g　ニンニク1かけ　ローリエ1枚　鷹の爪少々　オリーブオイル適量　〈A〉塩50g　水500cc

作り方　①カタクチイワシは、頭と内臓を取り除き、塩水(10%の濃度)の中で腹の内側を指先でこすり洗いする。②〈A〉を混ぜ合わせて塩を溶かし、①を1時間浸ける。③カタクチイワシの表面とお腹の中の水分をしっかりと拭き取り、ざく切りにしたニンニクとローリエ、小口切りの鷹の爪と一緒に鍋に入れてかぶるぐらいのオリーブオイルを注ぎ入れる。100度のオーブンで2〜3時間加熱する。④びんに詰めて冷蔵庫で保存する。2週間の保存が可能。

＊オーブンが100度に設定できない場合は、コンロのごく弱火で2〜3時間煮る。

サーディン丼

材料(2人分)　オイルサーディン10尾　長ネギ½本　紫蘇5枚　同割だれ(P202参照)大さじ2　七味唐辛子適宜　ごはん適量

作り方　①フライパンにオイルサーディンが漬かっていたオリーブオイルを大さじ1入れて中火にかけ、縦半分に切ってから斜め切りにした長ネギを炒める。②長ネギがしんなりしたら、オイルサーディンと同割だれを加えて弱火で煮詰める。③うつわにごはんを盛り、②とせん切りにした紫蘇をのせる。お好みで七味唐辛子をかける。

オイルサーディンとセロリのスパゲッティ

材料(2人分)　オイルサーディン10尾　セロリ1本　スパゲッティ200g
オリーブオイル大さじ3　ニンニク2かけ　鷹の爪1～2本　醤油小さじ2
塩適量　イタリアンパセリ少々

作り方　①鍋に湯を沸かして塩を加え、スパゲッティを規定の時間より2分ほど短く茹でる。②フライパンにオリーブオイルとつぶしたニンニク、種を抜いて手でちぎった鷹の爪を入れて弱火にかける。③ニンニクの香りが出たらオイルサーディンと斜め切りにしたセロリを加えて、セロリがしんなりするまで炒める。④③に茹でたスパゲッティとおたま2杯分の茹で汁、醤油を入れて、強火でフライパンをあおりながら茹で汁とオリーブオイルを乳化させる。塩で味をととのえて、みじん切りのイタリアンパセリを散らす。

牡蠣のオイル漬け

もうずいぶん前の話になりますが、体調を崩していた私に、友人が牡蠣のオイル漬けをプレゼントしてくれました。「牡蠣は精がつくからね!」と、食いしん坊の私へのお見舞いでした。さっそく食べてみると、オイル漬けの牡蠣はうまみが濃厚で、食欲もなかったのに、ペロリと平らげてしまいました。そして、体が軽くなったような気がしたものです。そんな牡蠣のオイル漬けのおいしさが忘れられず、試行錯誤しながら作ったのがこのレシピ。醤油で下味をつけていますが、パスタなど洋風のものに使ってもおいしくいただけます。

材料(作りやすい分量) むき牡蠣250g　粗塩大さじ3　日本酒大さじ2　醤油小さじ2　オリーブオイル適量　〈A〉鷹の爪(小口切り)½本分　ニンニク1かけ　ローリエ1枚

作り方 ①鷹の爪は種を取る。ニンニクはつぶす。牡蠣はボウルに入れて粗塩を振りかけ、手ですくうようにして塩で洗う。黒い汚れが浮いたら、塩を洗い流す。②水気を切った①をフライパンに入れてゆすりながら強火で炒る。③牡蠣の水気が出てきたらさらに炒り、水気が飛んで牡蠣がプリッとしてきたら日本酒と醤油を加える。牡蠣の表面が乾いてきたら火からおろす。④冷ました③と〈A〉をびんに入れ、牡蠣にかぶるくらいオリーブオイルを注ぎ入れる。冷蔵庫で2週間の保存が可能。

牡蠣とニラのオイスター焼きそば

材料(2人分)　牡蠣のオイル漬け(大)10粒　ニラ½束　長ネギ½本　生姜½かけ　焼きそば用蒸し麺2玉　ゴマ油大さじ1　こしょう少々　〈A〉オイスターソース・紹興酒各大さじ1　醤油小さじ1

作り方　①牡蠣は半分に切る。ニラはざく切り、長ネギは短冊切りにする。生姜はせん切りにする。②強火で熱したフライパンに半量のゴマ油を入れて、麺をこんがり焼いて取り出す。③残りのゴマ油を入れて生姜、長ネギ、牡蠣を炒める。麺を戻し入れて、ニラ、〈A〉を加えて炒め合わせ、こしょうを振る。

牡蠣のジョン

材料(2人分)　牡蠣のオイル漬け10粒　卵1個　小麦粉適量　ニラ¼束　糸唐辛子少々　ゴマ油小さじ1　〈A〉酢大さじ1　醤油小さじ2　白いりゴマ少々

作り方　①牡蠣はキッチンペーパーで軽く押さえてオイルを取る。ニラはざく切りにする。卵は溶きほぐす。②溶き卵にニラと糸唐辛子を入れ、小麦粉をはたきつけた牡蠣を加える。③中火で熱したフライパンにゴマ油を入れて、ニラと糸唐辛子を牡蠣にまとわせて1個ずつ両面を焼く。〈A〉につけて食べる。

＊小さな牡蠣の場合は、お好み焼きのようにまとめて丸く焼くといいでしょう。

ドライトマトと
ドライトマトのオイル漬け

夏の盛りに野菜売り場に並ぶ真っ赤なトマトを目にすると、ドライトマトを仕込みたくてうずうずしてきます。

この季節のトマトは、おいしいうえに値段も手頃。ただ、問題はお天気です。太陽がジリジリと照りつけるような日が4〜5日続かないとおいしいドライトマトはできません。何度も何度もひっくり返してトマトのうまみを凝縮させます。ドライトマトは、太陽が作るびん詰めなのですね。雨に当たったり、曇りが続くとすぐにカビが発生するので、外に出せないときは、100度のオーブンでじっくり乾燥させます。

材料(作りやすい分量)　小型のトマト(ミニトマト、シシリアンルージュなど)50〜60個　ニンニク・塩・オリーブオイル各適量

作り方　①トマトはヘタを取って縦半分に切り、盆ザルに並べる。②トマトの両面に塩をまんべんなく振りかけて天日干しにする。③まだ少し柔らかさが残るぐらいまで干したもの(3〜4日間)は、つぶしたニンニクとともにびんに詰めてオリーブオイルを注ぎ、カラカラに干したもの(5〜6日間)は、びんに詰めて冷蔵庫で保存する。

＊ドライトマトは、戻す時間はかかるけれど濃厚なうまみがあり、干しの浅いオイル漬けは、すぐに使えてフレッシュな味わいです。

アクアパッツァ

材料(2人分)　メバルやイサキなどの白身魚1尾　ドライトマトのオイル漬け10個　ニンニク1かけ　白ワイン½カップ　水½カップ　オリーブオイル大さじ3　塩・こしょう・イタリアンパセリ各少々　ケイパー小さじ2　オリーブ7個

作り方　①ドライトマトは大きければ適当な大きさに切る。②魚はえらと内臓を取り除き、お腹の中と表面に塩・こしょうをすり込む。両面に斜めに包丁目を入れる。③フライパンにオリーブオイルとニンニクを入れて弱火にかける。④魚の水気を取り、フライパンで強火で焼き、両面が焼けたら白ワインと水、ドライトマト、ケイパー、オリーブを入れる。沸騰したらふたをして弱火にし、5分ほど火を通す。⑤ふたを取り、中火でフライパンをゆすりながら煮汁を⅓ほど飛ばし塩で味をととのえる。刻んだイタリアンパセリを振る。

＊残った煮汁をスパゲッティに絡めると、立派なひと皿に変身します。

ドライトマトと牛肉とナスの炊いたん

材料(4人分)　ナス3本　牛薄切り肉160g　ドライトマト10個　青ネギ3本　水200cc　砂糖大さじ1　同割だれ(P202参照)80cc　オリーブオイル大さじ3　ニンニク2かけ

作り方　①ナスはヘタを取って縦半分に切り、皮に1mm幅の包丁目を斜めに入れて水にさらす。ドライトマトは熱湯で戻してから5mm幅に刻む。②鍋にオリーブオイルとつぶしたニンニクを入れ、弱火で香りを出す。牛肉を加えて炒め、肉の色が変わってきたらナスを加えて、油が回ったら、砂糖を振り入れる。ざっと炒め合わせてドライトマト、水、同割だれを入れて強火でひと煮立ちさせる。③アクを取り、強めの中火で5分ほど煮る。斜め切りにした青ネギを加えてしんなりしたら火からおろす。

きのこのオイル漬け

家のごはんがいちばん好きですが、それればかりだとマンネリになるので、ときどき刺激をもらいに外食に出かけます。「きのこのオイル漬け」も、あるイタリアンでアンティパストとして出されたものがおいしかったので、シェフに作り方を教えていただきました。ポイントは「塩を加えた酢水できのこを茹でる」こと。味の記憶が残っているうちに試作したところ、とてもおいしく仕上がりました。漬け込んだオイルには、きのこのうまみが溶け込んでいるので、他のお料理にも使えて無駄がありません。寒い時期だと1カ月の常温保存が可能です。

材料（作りやすい分量）　きのこ（お好みで）400g　酢・水各300cc　〈A〉塩15g　スライスレモン2枚　パセリの軸少々　〈B〉ニンニク1かけ　鷹の爪1本　ローリエ1枚　こしょう（粒）6粒

作り方　①鍋に酢と水、〈A〉を入れて沸かす。②石突きを切り、食べやすく切ったきのこを①で10分煮る。③ザルにあけて、重ならないように並べて1時間ほど風干しして水気を切る。④びんに③と〈B〉を入れ、オリーブオイルをたっぷり注いで、きのこが飛び出さないようにして保存する。

＊きのこは火が入ると小さくなるので、大きめに切る。

きのこと根菜のホットサラダ

材料(4人分)　きのこのオイル漬け100g　レンコン½個　ゴボウ½本　ニンジン⅔本　ベーコン60g　オリーブオイル小さじ1　ニンニク1かけ　塩・こしょう各少々

作り方　①フライパンにオリーブオイルを入れ、ベーコンとつぶしたニンニクを弱火で炒める。ベーコンから脂が出てカリッとしてきたらニンニクと一緒に取り出す。②フライパンに食べやすく切ったゴボウ、ニンジン、レンコンの順に加えて中火で炒める。表面に焼き色がついたら軽く塩・こしょうをする。③ベーコンとニンニクを戻し入れ、きのこのオイル漬けも加えてざっと炒め合わせる。塩・こしょうで味をととのえる。

鶏肉のソテー　きのこソース

材料(2人分)　鶏もも肉1枚　玉ネギ80g　ホールトマト缶200g　きのこのオイル漬け150g　オリーブオイル小さじ2　バターライス適量　ローズマリー2本　イタリアンパセリ・塩・こしょう各少々

作り方　①鶏肉の両面に塩・こしょうを軽く振る。フライパンにオリーブオイルとローズマリーを入れて鶏肉をこんがり焼いて、取り出しておく。②きのこのオイル漬けのオリーブオイル大さじ1をフライパンに引き、みじん切りの玉ネギを炒める。玉ネギが色づいてきたらホールトマトをつぶして加えさらに炒める。トマトの水分が飛んで、油がにじみ出してきたらきのこを加える。きのことトマトがなじんだら塩・こしょうで味をととのえる。③バターライスにイタリアンパセリのみじん切りを散らして、鶏肉、②を皿に盛る。

column 4

おすそわけと贈り物のラッピング

びん詰めを作るときは、たいてい多めに仕込むので、おいしいもの好きの友人や、お世話になっている方におすそわけをします。

友人など、気のおけない仲間へは、ラッピングも肩ひじ張らずに、ラフな感じに仕上げます。洋服を買ったときに包んでもらったきれいな色の薄紙を取っておいたものでくるくる巻いて、底をテープで留めます。上の部分は多めに残してギュッとねじってちょんまげに。荷札形に切った厚紙に、びん詰めの名前やメッセージを書いてキュッと留めればでき上がりです。おすそわけには、食品を入れるびんごとプレゼントできるように、日頃からかわいい空きびんを集めておくことも大切です。私は、調味料やピクルスなどのびんものを買うときは、びんの形で選ぶこともあるほどです。

さらにラフな方法が、マスキングテープやシールでびんをぐるりと留めるだけというやり方です。近頃、いろいろなデザイン

のマスキングテープが出回っているので、それを巻くだけであら不思議。ただのびん詰めが、素敵に見えるというお手軽ラッピングです。

贈り物に使うときは、きちんとした印象に仕上げるために和紙を使います。生成りの柔らかくて薄いもの、少し厚めのもの、真っ白の奉書紙などを常に数種類ストック

しています。びんを包んだあとは、ひもでキュッと縛り、シーリングワックスで封印をします。自分のイニシャルの印璽《いんじ》で留めることによって、私が作った証になるし、高級感が出るところも気に入っています。この封印を解く瞬間のワクワク感を味わってもらえるのではないかと思います。

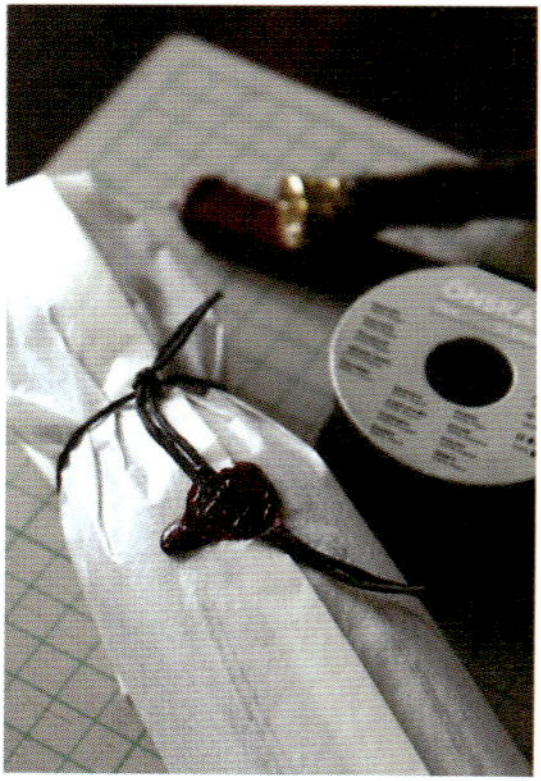

ゆで卵と玉ネギのピクルス

　子どもの頃から、ゆで卵を刻んでマヨネーズであえた「たまごスプレッド」が大好きです。とくに、朝ごはんのときにトーストにのせて食べるのが最高！　週に2、3度は食べているほどです。

　そんな「たまごスプレッド」を手早く作るのに活躍するのが、このピクルスです。ゆで卵と玉ネギ、キュウリをひとつのびんに漬け込んでいるので、細かく刻んで、マヨネーズとマスタードであえるだけ。卵を茹でる時間も、玉ネギを水にさらす手間もかかりません。忙しい朝ごはん作りが楽ちんになる力強い味方です。

材料(作りやすい分量)　卵6個　玉ネギ⅔個　キュウリ1と½本　〈A〉酢・水各250cc　マスタードシード小さじ1　ローリエ1枚　ディル(生)1～2本　砂糖大さじ1　塩小さじ2　クローブ2個　こしょう(粒)10粒　鷹の爪1本

作り方　①卵は固茹でにして殻をむく。玉ネギはくし形切りにする。キュウリは3cmのぶつ切りにする。②鍋に〈A〉を入れてひと煮立ちしてから1分ほど弱火で煮て、火からおろす。③びんに①を入れ、②を注ぎ入れる。

＊冷蔵庫で保存すると、1カ月ぐらいもちます。

ポテトサラダ

材料(4人分)　ジャガイモ3個　ゆで卵のピクルス2個　玉ネギのピクルス2切れ　キュウリのピクルス3個　ベーコン2枚　バター20g　マヨネーズ50g　塩・こしょう各少々　粒マスタード小さじ2

作り方　①ジャガイモは皮付きのまま茹でるか、電子レンジで串がスッと刺さるぐらいまで加熱する。②ジャガイモに火が通ったら、熱いうちに皮をむいて適当な大きさに切ってボウルに入れ、バターを加えて混ぜ合わせる。③ゆで卵、玉ネギのピクルスは汁を切って粗みじんに、キュウリは半月切りにする。④ベーコンは5㎜幅の短冊に切り、サラダ油(分量外)を引いたフライパンで炒める。脂が出てきたらキッチンペーパーで拭き取り、カリカリに炒める。⑤②に③、④とマヨネーズ、粒マスタードを加えて混ぜ合わせ、塩・こしょうで味をととのえる。

ゆで卵と玉ネギのピクルスを使ったアレンジ

オープンサンド

材料(2人分)　ゆで卵のピクルス2個　玉ネギのピクルス2切れ　キュウリのピクルス2個　マヨネーズ40g　塩・こしょう各少々　粒マスタード小さじ1　パン(お好みのもの)

作り方　①ゆで卵、玉ネギ、キュウリのピクルスは汁を切って粗みじん切りにする。②①とマヨネーズ、粒マスタードをボウルに入れて混ぜ合わせ、塩・こしょうで味をととのえる。③パンに②をのせる。

ミックスピクルス

ミックスピクルスのびん詰め作りは、色とりどりの野菜をモザイクタイルのように詰め込んでいく作業がとても楽しいものです。また、中途半端に残った野菜を使い切ることもできるので、冷蔵庫の中をチェックしては、仕込んでいます。

このレシピでは、まだ熱いうちのピクルス液と野菜をびんに詰めるので、玉ネギやカリフラワーなどの生では食べにくい野菜も軽く熱が通って食べやすくなります。漬けた翌日から食べられて、冷蔵庫で保存すれば1カ月はもちます。発酵させずに作るので、時間もかからずお手軽にできます。

材料(1Lのびん、ひとびん分) お好みの野菜(キュウリ、ニンジン、大根、玉ネギ、カブ、カリフラワーなど)適量 〈A〉酢・水各1カップ 砂糖大さじ2 塩小さじ2 ローリエ1枚 クミンシード・粒こしょう各小さじ½ クローブ3個 ニンニク1かけ

作り方 ①野菜は食べやすい大きさに切り、なるべく隙間ができないようにびんに詰め込む。②ニンニクはざく切りにする。〈A〉を鍋に入れて1～2分弱火で煮立てる。③①に②が熱いうちに注ぎ入れる。

＊紅芯大根やラディッシュなどを漬けると、赤い色素がピクルス液に溶け出して、ピンク色のピクルスに仕上がります。

レンズ豆のピクルス

レンズ豆はヒヨコ豆やインゲン豆のように前日から水に浸しておく必要がないので、思い立ったときにすぐ使える便利な豆です。しかも、茹で時間が20分ぐらいですむというのもいいところ。

　このピクルスは、大好きなレンズ豆のサラダ（Ｐ１０８）がすぐに食べられるようにと作ったのですが、他にも使い道がいろいろあって、たっぷり作っても数日でなくなってしまいます。たとえば、ニンニク、クミン、ゴマペーストなどと一緒にフードプロセッサーにかけると、フムス風のディップに変身！　また、ポテトサラダに加えてもおいしいですよ。

材料(作りやすい分量)　レンズ豆200g　ペコロス3個(なければ玉ネギ少量)　〈A〉白ワインビネガー100cc　水200cc　砂糖小さじ2　塩8g　オールスパイス(粒)5粒　鷹の爪1本　ニンニク1かけ　セージ2枚

作り方　①レンズ豆はさっと洗ってから鍋に入れ、豆の量の3倍くらいの水を加えて、アクを取りながら弱火で15〜20分茹でる(少し歯ごたえが残る程度)。ザルにあげて水気をしっかり切り、半分に切ったペコロスとともにびんに入れる。②鍋に〈A〉を入れて2〜3分弱火で煮立て、①に注ぎ入れる。③冷めたらふたをして冷蔵庫で保存する。

＊②にカレー粉を入れて、カレー味のピクルスにしたり、ヒヨコ豆で作ってもおいしいです。

レンズ豆のサラダ

材料(4人分)　レンズ豆のピクルス200g　ベーコン50g　ニンニク½かけ　玉ネギ¼個　イタリアンパセリ適量　オリーブオイル小さじ2　粒マスタード小さじ1〜2

作り方　①フライパンに5mmの拍子木切りにしたベーコンを入れて炒める。出てきた脂は拭き取る。②①にオリーブオイルを入れて、みじん切りのニンニクと玉ネギを炒める。③玉ネギが薄いきつね色になってきたら火からおろして粗熱を取る。④③に汁気を切ったレンズ豆のピクルスと粒マスタードを加えて混ぜ合わせる。みじん切りのイタリアンパセリを散らす。

＊ベーコンはしっかり炒めて脂を取り除きましょう。

レンズ豆のピクルスを使ったアレンジ

レンズ豆のフリット

材料(2〜3人分)　レンズ豆のピクルス100g　生ハム10g　ビール大さじ2　小麦粉20g　こしょう少々　揚げ油適量

作り方　①ボウルに汁気を切ったレンズ豆のピクルスと細かく切った生ハム、こしょう少々を入れる。②小麦粉をふるい入れて全体にまぶす。ビールを加えてさっくりと混ぜ合わせる。③170度に熱した揚げ油に食べやすい大きさにまとめた②を入れ、カリッとするまで揚げる。

＊ビールがなければ、炭酸水で代用できます。

シュークルート

フランスでは「シュークルート」、ドイツでは「ザウアークラウト」と呼ばれるキャベツのお漬けもんです。びんのふたを開けると、独特の発酵臭がぷわーんと広がります。キャベツは、柔らかい春キャベツより、ぎっしりと目が詰まった冬キャベツで仕込むほうが、煮込んだときに甘みが出ておいしくいただけます。

シュークルートはビタミンCの含有量がとても多いので、風邪が心配な冬にもりもりと食べられるように、ドン！ と作りおきしておきましょう。冷蔵庫で保存すれば3カ月はもちます。

材料（作りやすい分量）　キャベツ1kg　塩20g　キャラウェイシード小さじ1

作り方　①キャベツは5㎜幅のせん切りにして水洗いする。②ボウルに水気がついたままの①と塩を入れてざっとかき混ぜる。③1時間ほどしてしんなりしたらキャベツの重量の2倍の重石をのせて室温（20～25度）で2～3日漬ける。④キャベツから出てきた水分が少し濁ってきて、酸っぱい香りがしてきたら発酵してきた証拠。重石を外してキャラウェイシードを加える。⑤びんに④を汁ごと詰めて野菜室で保存する。

＊キャラウェイシードの代わりに、ディルシードやローリエを入れてもいいでしょう。

シュークルート・ガルニ

材料(2人分)　シュークルート150g　ブロックベーコン100g　ジャガイモ1個　玉ネギ½個　ニンジン½本　インゲン6本　オリーブオイル大さじ1　白ワイン½カップ　ローリエ1枚　塩・こしょう各少々　粒マスタード適宜

作り方　①玉ネギはくし形切り、ジャガイモ、ニンジンは4等分、インゲンは半分に切る。ベーコンは2つに切り分ける。②中火で熱した鍋にオリーブオイルを入れてベーコンを焼く。脂が出てきたら、玉ネギ、ニンジン、ジャガイモを加えて、玉ネギにうっすらと透明感が出てきたら、汁をしぼったシュークルートを加えて、ざっと炒める。③②に白ワインとひたひたの水、ローリエを加えて弱火で煮る。④ジャガイモとニンジンに火が通ったら、インゲンを加えて塩・こしょうで味をととのえる。お好みで粒マスタードを添える。

ホットドッグ

材料(2人分)　ホットドッグ用パン2本　ソーセージ2本　シュークルート150g　カレー粉小さじ½　塩少々　オリーブオイル小さじ1　ケチャップ・粒マスタード各適量

作り方　①強火で熱したフライパンにオリーブオイルを引き、汁気をしぼったシュークルートを入れてほぐしながら炒める。カレー粉と塩少々を加えて炒め、火からおろす。②ホットドッグ用パンに切れ目を入れてトースターで軽く焼く。③切れ目に①とボイルしたソーセージをはさみ、ケチャップと粒マスタードをかける。

コールスロー

コールスローをはじめて食べたのは小学生の頃で、フライドチキン屋さんのサイドメニューでした。酸味が少なくて食べやすかったのか、お店に行くたびに注文していました。自分で作るようになったのは、雑誌で老舗洋食屋さんのレシピが紹介されていて、それを真似するようになってからです。作ってみたら、おいしくておいしくて……。それからすでに20年はたっているので、いまではオリジナルとはほど遠い味になっているかもしれませんが、これがわが家の味。洋食屋さんの味がベースなので、カレーライスにとってもよく合います。

材料(作りやすい分量)　キャベツ500g　ニンジン・玉ネギ各¼個　粗塩適量　砂糖小さじ2　こしょう少々　〈A〉サラダ油・酢各大さじ2

作り方　①キャベツは1cm幅に切って水洗いする。ニンジンはせん切り、玉ネギは薄切りにする。②水がついたままのキャベツをボウルに入れ、小さじ1の塩と砂糖を入れる。手でざっくりと混ぜ合わせ、しんなりするまで30分おく。③玉ネギとニンジンは別のボウルに入れて、塩小さじ½を加えて混ぜる。④③をしぼって汁気を切り、②に加えて混ぜ合わせる。〈A〉を加えて、こしょうを振り、混ぜ合わせる。3時間ほどで味がなじんで食べ頃になる。

＊お好みで、マヨネーズを大さじ1～2加えてもおいしいです。

〈エッセイ〉

わが家の食卓

父とのごはん食べ

私がまだ子どもだった頃の話です。

私の実家は京都の祇園で、小さな骨董屋を営んでいました。近所にはお茶屋さんや料理屋さんが並び、店の前を舞妓さんや芸妓さんが行き交うような、艶《あで》やかで風情のある土地柄でした。

店を終えると父は、私たち家族をよく外食に連れ出してくれました。

京都では外食することを〝ごはん食べ〟といいますが、わが家ではまず、お風呂に入って、きれいに身支度を整えてから、ごはん食べに出かけるのです。それが父の流儀でした。

父は自分が子どもの頃は貧乏だったし、戦争でひもじい思いもしたので、子どもにはそんな思いをさせたくないという気持ちがあったようです。中華、お寿司、天ぷら、洋食、フランス料理と、まだ小学生だった私たち姉妹に、父はいつもおいしいものを食べさせてくれました。

　それに、子どもたちをごはん食べに連れ出すことで、小さなうちからテーブルマナーを身につけさせようという思いもあったようです。

　私はフランス料理屋さんに連れていってもらうのが、大好きでした。デザートのときには、ケーキがたくさんのったワゴンが運ばれてきて、「どれになさいますか？」と聞かれます。すると私は

「ぜんぶ！」と答えて、店中が大笑い。両親に苦笑いされた記憶がいまでも鮮明に残っています。

　父は夜、接待でごはん食べに出かけることも多く、そんなときは必ずお土産をぶら下げて帰ってきました。ちょっとお酒臭い父にお帰りのキスをして、お土産を受け取ると、姉と取りあいっこして食べたものです。

　父がよく行っていたス

テーキ屋さんへも、連れていってもらったことがあります。カウンターだけの小さなお店だったのですが、目の前で焼かれる分厚いお肉のおいしかったこと……。いまだに忘れられません。

　サラダのドレッシングと、その上にのせられたカリカリのベーコンもたまらないおいしさで、家に帰ってから母におねだりして、同じように作ってもらったこともあります。

　そのステーキ屋さんは、年末になるとお歳暮がわりに、お店で使う最高のお肉の切り落としをいつも届けてくださったので、年末はステーキが食べられるうれしいときでもありました。

幻の丹波のマッタケ

丹波《たんば》の天若《あまわか》には田舎の家がありました。残念なことに、いまはダムの底に沈んでしまいましたが、時間ができると、季節を問わず、その家で過ごしました。自然がいっぱいののどかなところで、川で泳いだり、釣りをしたり、虫とりや花を摘んだりと、いま思えば桃源郷のようないいところでした。

　庭には柿の木があり、秋になると家族揃って柿もぎに出かけたものです。また、周囲の山がマッタケ山だったので、知り合いの農家さんが、毎年、段ボールいっぱいのマッタケを送ってくれました。

いまでは考えられませんが、ごはんのおかずに丹波のマッタケを網焼きにして、ぽん酢醤油でもりもり食べていたのです。タイムマシンがあったら、あのときに戻って、もう一度あんな食べ方をしてみたいと、マッタケの季節になると、いつも懐かしく思い出しています。

料理に興味を持ちはじめたころ

母の作る料理も、とてもおいしいものでした。父はとにかく食べることが好きだったので、母はその期待に応えようと、いろいろな料理を作ってくれました。

京都の家庭料理といえば「おばんざい」が思い出されるかもしれませんが、わが家は父も私たち姉妹も洋食好きだったので、母は家族が喜ぶようにと、ハンバーグやグラタン、ビーフシチューをしょっちゅう作ってくれました。

しかも、4人家族のわりには作る量が大量でした。みんなよく食べるので、コロッケなら20個、餃子を仕込むなら100個といった具合です。もちろん、私も餃子を包むのを手伝いました。だからでしょうか、いまでも餃子を包むのは大得意です。

　コロッケの衣づけをするときは、テーブルに私、姉、母が並んで、まずは私が小麦粉をつけて、次に姉が卵にくぐらせ、母がパン粉をつけ

るという流れ作業。母が「女の子を産んどいてよかったわ〜」と、よくいっていたものです。

　ちょうどこの頃、テレビで「料理天国」という料理のバラエティー番組や、「天皇の料理番」というドラマが放送されていて、いつも食い入るように見ていました。料理に興味を持ちはじめたのは、きっとこの頃だったと思います。

家の本棚には料理本やお菓子の本がたくさん並んでいました。母は家族のために料理本を買ってきては、いろいろ試行錯誤しながら研究をしていたようです。私も負けじとレシピを見ながら、よくお菓子を作りました。

お得意はキャラメル。びっくりするほど大量の水飴、バター、グラニュー糖、コンデンスミルクを焦げないようにかき混ぜながら、ゆっくりと煮詰めました。

セロハンで包んだ甘くて柔らかなキャラメルは友人たちにも大好評で、いつもポケットにキャラメルを忍ばせていたものです。

フードコーディネーターという職業についたのも、すべては、おいしいものを食べさせてくれて、料理を作る楽しさを教えてくれた両親のおかげだと思って感謝しています。

朝の三たて

毎日のごはんは、家族と一緒に食べるとよりいっそうおいしいものです。とくに朝食は1日のスタートなので、気持ちのいい1日が送れるように、できるだけゆったりとした時間を過ごせるように心がけています。

朝が弱い私は、起きてすぐだと、頭も身体もうまく働きません。だから、出かける2時間前には起きて、朝ごはんの支度をしながら、ゆっくりと身体を目覚めさせるのです。

まずはジャムやペーストのびん詰めをテーブルに並べて、お湯を沸かします。ここからはオットとの共同作業です。オットがフォークやナイフを食卓に並べます。そして、手挽きのコーヒーミルで豆を挽きます。お湯がシュンシュン沸いて、コーヒーをドリップしはじめた頃に、私はパンとベーコンエッグを焼きはじめ、カフェオレ用のミルクを温めます。

部屋いっぱいにコーヒーの香りが漂い、バターの香りが広がります。するとお腹がキュルキュル鳴って、目覚めていくのがわかります。卵をフライパンに落とすと、ジュッという、なんともおいしそうな音。音も香りも味のうちですから、これを味わわないと朝食のおいしさは半減してしまうのです。

トーストがこんがりと焼き上がる頃には、ジュージューと音をたててベーコンエッグができ上がり、淹《い》れたてのカフェオレもテーブルに並

んで、「いただきます」がいえるようになっています。

　わが家では焼きたてのトースト、淹れたてのカフェオレ、できたてのベーコンエッグを〝朝の三たて〟と呼んでいます。こんなふうにすべてがおいしさのピークで揃うには、家族がお互いに呼吸を合わせることが大切なのです。

　わが家の朝食はオットと私が心を合わせる儀式でもあります。この朝の儀式がうまくいくと、なんだか1日がしあわせな気分で、スタートできるのです。

ビワの恩返し

　わが家は渋谷の高台にある古いマンションの一室にあります。建てられたのは東京オリンピックの前年という、築50年近いロートルマンションです。ネットの住宅情報サイトには〝ビンテージ・マンション〟と書かれていましたが、そんな洒落た物件ではありません。エレベーターは遅いし、給水管の老朽化も著しく、トイレの水洗は1度流すと、たまるまでに、2～3分もかかります。

　引っ越してきて今年で9年。なんでこんな古いマンションに越してきたかというと、渋谷とは思えないほど、周囲に緑が多かったのと、ベランダがびっくりするほど広かったからです。

ベランダではたくさんの植物を育てています。いまでは３００鉢２５０種類ほどあるでしょうか……。

いちばんの古株はビワの木です。お土産にいただいたビワがあまりにおいしかったので、種を鉢

に植えてみたのです。おいしいビワを植えれば、いつかまた、おいしいビワが食べられると考えたのだと思います。ちょうどオットと結婚した頃に植えたので、ビワは２人の記念樹でもありました。
でも、10年たってもいっこうに実はつきません。そして、何度も危機が訪れました。
台風で倒れ、そのたび

に鉢が割れたり、枝が折れたり、コガネムシにも何度もやられました。でも、ちゃんと手をかけてやると、2〜3週間もするとまた元気になって、枝を天に向けて背伸びをしています。「人生七転び八起きだぜ！」と、ビワの木に教えられているような気にさえなりました。

鉢替えをして、肥料を施し、根気よく水やりを続けました。

そうしたら15年目で7個の実をつけました。そして翌年は15個、翌々年は30個とたわわに実をつけるようになったのです。まるで「ビワの恩返し」です。種から育てただけに、まるで自分たちの子どもが一人前になったようで、喜びもひとしおでした。

初夏になってビワの実が黄色く色づくと、オットと2人で毎朝2〜3個いただきます。ベランダの水やりをした自分へのご褒美です。完熟したビワのおいしいことおいしいこと……。食べ切れなくなるとコンポートにしてびんに保存し、大切に大切にいただいています。

キッチンガーデンとびん詰め

ベランダには、果樹が

他にもたくさんあります。とくにベリー類はあまり手もかからず、収穫量も多いので、ブラックベリーやラズベリー、それにブルーベリーを育てています。ただ、ベリー類は実の熟すタイミングがバラバラなので、熟したものから収穫し、冷凍しておき、ある程度の量になったらケーキに焼き込んだり、びん詰めにします。

またベリー類で果実酒を作るのも楽しみのひとつです。完熟したベリーを摘み、氷砂糖とウオッカの入ったびんに、毎日足していきます。少しずつ赤い色が溶け出して、変化していく様子を眺めるのも楽しいものです。

ベランダにはハーブもあります。なかでもローズマリー、タイム、セージ、ミント、イタリアンパセリ、バジルは、私のびん詰め作りには欠かせません。料理の彩りにも、とても重宝しています。成長が早いミントは、梅雨前に収穫して、ミントシロップを仕込みます。バジルもあっという間に葉を茂らせるので、青虫の餌食になる前にジェノバペーストにしてびん詰めに。こうしてバッサリと収穫しておくと、すぐに新しい芽が出てくるし、ゆっくりと食べたいときに食べられます。

こうしてみると、「魔法のびん詰め」が生まれたのは、ベランダのキッチンガーデンのおかげかもしれませんね。

週末のベランダごはん

平日はなにかと忙しくて、手早く食事をすませることが多いのですが、時間があるときは、その

分ゆっくりと食事を楽しむようにしています。

天気のいい日なら、ベランダごはんがわが家の定番です。材料の買い出しをすませたら、オットは炭を熾《おこ》す準備、私はサッサと台所で下ごしらえをすませ、あとは2人で炭火の前に陣取って、のんびりと調理します。

活きのいい魚が手に入ったときには、ドライトマトを使ってアクア

パッツァを作ります。〆は残った汁にパスタを放り込んで、スパゲッティ・ペスカトーレ（漁師風）を作ります。

シンプルに野菜やお肉を焼くBBQ《バーベキュー》のときは、薬味やタレにもこだわります。

ステーキには、自家製の柚子こしょうや玉ネギソース、時にはりんごと玉ネギのチャツネを添えたりもします。また、鶏肉には豆鼓だれをもみ込んで中華風に、ナスのグリルには、唐辛子味噌を塗って田楽風に、そして野菜スティックには、ニンニク味噌で作ったディップを添えてと、ここでも、びん詰めが大活躍です。びん詰めがあると調理も手早くできるので、その分、食事がゆっくりと楽しめるのです。

冬ならフリースやダウンを着こんで、キャンプ気分を味わえるのも炭火を囲んだベランダごはんの醍醐味です。何よりすべてができたての熱々で食べられるのですから、これ以上のごちそうはありません。

友人を招いての食事会を、ベランダですることも多くなりました。調理中の音や、立ちのぼる湯気、食欲をそそる香りまで、まるでオープンキッチンのレストランにいるような気分を味わってもらえるのが、ベランダごはんのいいところです。

そして私も、台所にこもりきりになることがなくなって、みんなと一緒にゆっくりとした時間を過ごせます。ベランダごはんがますます好きになりました。

買い出しの楽しみ

旅に出ると、朝市や道の駅に立ち寄るのが、楽しみのひとつになっています。そこには、その土地ならではの食材が並んでいるし、地元の方や生産者の方たちと、やりとりしながら買い物をすることができます。

たとえば、知らなかった食べ方を教えてもらったり、野菜の選び方や、下ごしらえのコツなど、スーパーでは教えてもらえない情報がたくさん手に入るのです。

とはいっても、そうしょっちゅう旅行には行けません。でも、東京ではいろいろな地方の生産者が集まる「ファーマーズマーケット」が開催されているので、週末は旅行気分で買い出しに出かけるようにしています。

もちろん、お目当ては出盛りの安くて新鮮な野菜たち。ここではパリのマルシェみたいに、おしゃれに食材がディスプレーされているので、どろんこの野菜も形がいびつな野菜も、ずいぶんとべっぴんさんに見えるのです。

　いろいろと品定めをしながら出店者の方とお話をして、試食させてもらってから買うようにしているのですが、安いし、おいしいので30分もすると買い物カゴはいっぱいになります。

　柔らかい高原キャベツが手に入るとコールスローを、間引きニンジン

やミニキュウリを見つけたときにはミックスピクルスを作らなきゃ、といった具合に、私の中の〝びん詰め作りのムシ〟が、にわかにうごめき出すのです。
　びん詰めは保存食です。買い出しに出かけて、安くて、おいしいものを見つけたときが作りどき、なのかもしれませんね。

column 5

冷蔵庫での整理法

びん詰めは、ふたを開けなくても中身が見えるので、冷蔵庫での整理がしやすいのがいいところです。が……そうはいっても、小さなびんがこまごま入っていると、奥に入っているものを取り出すのもひと苦労。そこで思いついたのが、プラスチックの整理用ケースを使う方法です。

朝食で使うジャムやバターはひとつのケースにまとめて入れ、もうひとつのケースには、ごはんのおともの佃煮やお漬けもんなどを入れています。食事のときは、そのケースごと冷蔵庫から出してテーブルまで持っていきます。

調味料類は、おおまかにカテゴリーを分けて、細長い整理用ケースに入れています。お菓子やパン作りのときに使うベーキングパウダーとドライイーストは一緒に、チャツネとカレーペーストは一緒にといったように、似た者同士を同じケースに入れておきます。ケースの手前に何が入っているかを書いたマスキングテープを貼っておくと、さらに便利です。

ケースのサイズに合わせたびんを使うと、さらに整理がしやすくなります。

第3章

新鮮なうちにストックしたい
果物やハーブのびん詰め

トマトジャム

「トマトが赤くなると医者が青くなる」ということわざがあるように、真っ赤に色づいたトマトは、とても栄養価の高い野菜です。そのうえ、おいしくて、いろいろな料理に使えるのが人気の理由でしょう。わが家でも、トマトはサラダに煮込みにと活躍しますが、最近のヒット作がこのトマトジャムです。あるとき、お買い得品のトマトを買ったら、これが水っぽくて残念な味。なんとかおいしく食べられないかと思って、ジャムにしてみたら大正解でした。そして、トマトと相性抜群のチーズと合わせれば、ワインのおともに最適です。

材料(作りやすい分量)　トマト(湯むきしてヘタを取る)700g　グラニュー糖200g　バジル・ローズマリー適宜　レモン汁大さじ3

作り方　①トマトは8等分のくし形切りにしてグラニュー糖をまぶし、レモン汁、バジルの葉、ローズマリーを加えて鍋に入れ、2時間おいてから火にかける。②中火にかけてアクを取る。果肉が煮くずれてトロリとしてきたら火を止める。熱いうちにびんに詰める。

＊煮詰めすぎるとトマト臭さが出るので、少し軽めに仕上げるといいでしょう。普通のジャムより砂糖の量が少なめなので、2週間ぐらいで食べ切りましょう。

ココナッツパインジャム

大好きなパイナップルとココナッツの組み合わせにバニラの風味を加えて、リッチなジャムを作りました。

パンにのせて食べるのも、もちろんおいしいのですが、私のおすすめは、パイナップルとハムのピンチョス。角切りにしたハムの表面をこんがり焼いて、このココナッツパインジャムをちょこっとのせてピックを刺します。このままだと、味に締まりがないので、こしょうをガリリッとひと振り。塩気のあるハムとパイナップル、そして、ほんのり香るココナッツのおいしい組み合わせをぜひ、お試しください。

材料(作りやすい分量)　パイナップル(果肉)500g　グラニュー糖250g　ココナッツフレーク(細かいもの)大さじ2　バニラビーンズ1本　レモン汁大さじ3

作り方　①パイナップルは5㎜の厚さのいちょう切りにしてココナッツフレークとさやを2つ割りにしたバニラビーンズ、レモン汁とともに鍋に入れ、グラニュー糖をまぶして2時間おいてから中火にかける。②アクを取り、弱火でときどきかき混ぜながらトロリとするまで煮る。熱いうちにびんに詰める。

*一緒に煮たバニラビーンズのさやには、まだ香りが残っているので、さっと洗って乾燥させて、グラニュー糖と一緒にびんに入れておくとバニラシュガーができます。

いちごミルクジャム

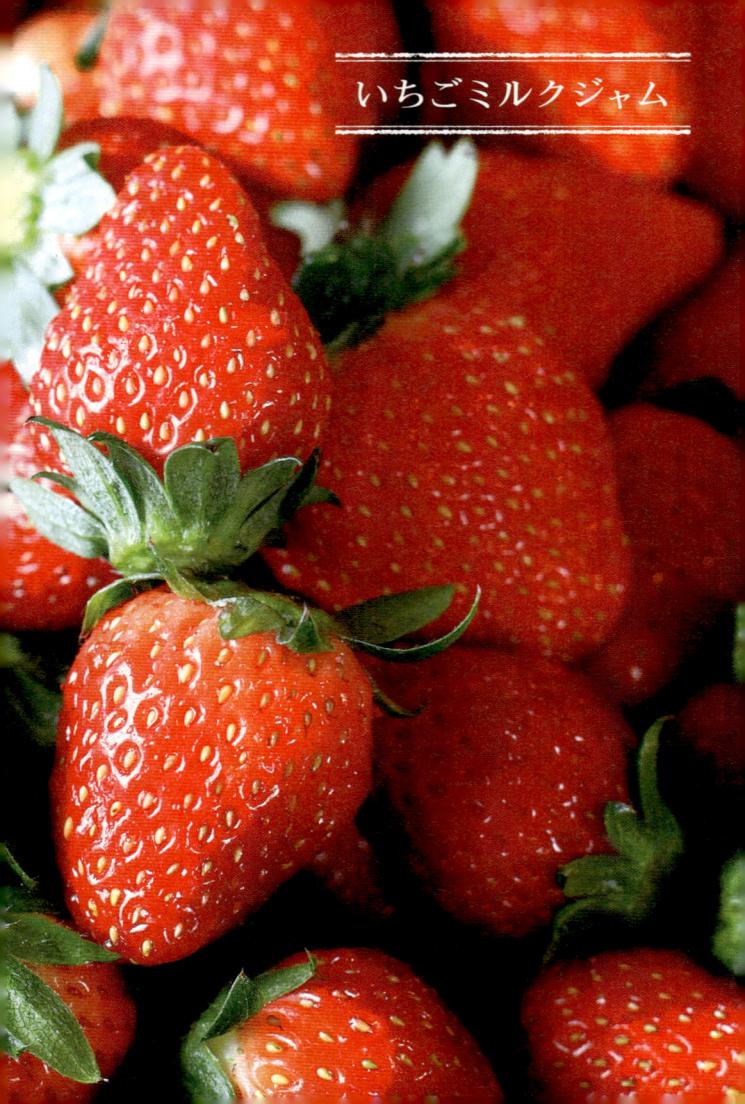

いちごミルクジャム

甘酸っぱいいちごにたっぷりの練乳をかけて食べる……。あのちょっと懐かしい味わいをジャムにして、びんに詰め込みました。

　作り方は簡単です。ひとつの鍋には、いちごと砂糖を、もうひとつの鍋には、牛乳と砂糖を入れてコトコトと煮詰めるだけ。赤と白のコントラストがかわいらしくて、スプーンを入れるのが惜しくなりますが、食べ進むうちに混ざり合ってピンク色に変化していくのもなかなか楽しいものです。大人になったいまでも大好きな味。わが家の自家製ジャムの不動のＮｏ．１です。

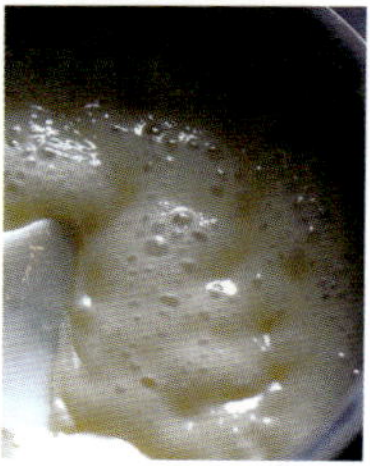

材料（作りやすい分量）　〈A〉いちご500g　グラニュー糖200g　レモン汁大さじ3　〈B〉牛乳500cc　グラニュー糖250g

作り方　①いちごは洗ってヘタを取る。②〈A〉を鍋に入れて混ぜ、2時間おいてから火にかける。中火で煮はじめ、沸騰したらアクを取る。ヘラで混ぜながらトロリとするまで20分ぐらい煮詰める。③〈B〉を鍋に入れて中火にかけ、鍋底をヘラで混ぜながら½量になるまで煮詰める。④③をびんの半分まで入れ、その上から②を入れる。冷蔵庫に入れて2～3週間で食べ切る。

＊ジャムは熱いうちはサラサラでも、冷えると固くなるので煮詰め加減は控えめに。2種のジャムをびんに入れてから、ぐるっとかき混ぜてマーブル模様にしてもきれいです。

ミックスマーマレード

無農薬の柑橘類を見ると作りたくなるのが、マーマレードです。いつもは、甘夏か夏みかんで作るのですが、たまたま八百屋さんに行ったら「はるか」と「はるみ」という珍しい品種の柑橘類を見つけたのでミックスして作ってみました。すると、いままで味わったことがない、さわやかな味のマーマレードができ上がりました。もちろん、1種類だけでも作れますが、手に入るのであれば、最低2種類の柑橘類を使ってみてください。味の個性が絡み合って、いっそうおいしいマーマレードになります。

材料(作りやすい分量)　無農薬の柑橘類(レモンなど、好みの柑橘類を合わせて)1kg　グラニュー糖400g

作り方　①ヘタを切り落とし、くし形切りにして皮をむく。果肉はいちょう切りにする。皮は3㎜のせん切りにして、水にさらして10分ほどおき、しぼって水気を切る。これを2回くり返す。たっぷりの湯で3回茹でこぼし、水にさらして水気をしっかり切る。②果肉と果汁、グラニュー糖200g、種や白いわたの部分をガーゼに包んだものを鍋に入れ、2時間おく。③②を中火にかけてアクを取り、皮を入れる。弱火で20分ほど煮て、皮に透明感が出てきたらガーゼを取り出して、残りの砂糖200gを加える。さらに10分ほど煮る。熱いうちにびんに詰める。

ピーナッツチョコスプレッド

たっぷりのピーナッツバターとチョコレートクリームを混ぜ合わせて、まるでピーナッツチョコレートのようなリッチな味わいに仕上げました。シンプルな組み合わせだけに、毎日でも飽きることがありません。

　このレシピではピーナッツバターは、無塩、無糖を使ったので、チョコレートは甘みのあるミルクチョコレートを使っています。甘さを控えめにしたい場合は、チョコレートの半量を、ビターチョコレートにすると、大人の味に仕上がります。

材料（作りやすい分量）　ミルクチョコレート150g　ピーナッツバター（無塩・無糖）100g　〈A〉生クリーム150g　水あめ大さじ1　練乳50g

作り方　①鍋に〈A〉を入れて弱火にかけ、水あめを溶かす。②火を止めて刻んだチョコレートを鍋に加えて溶かす。溶けないようであれば、弱火にかけて完全に溶かす。③②がほんのりと温かいうちにピーナッツバターを加えてよく混ぜる。④空気が入らないようにしてびんに詰める。

＊冷蔵庫で約2週間保存できます。

りんごと玉ネギのチャツネ

シナモンと生姜でちょっぴりスパイシーなりんごのジャムでも作ろうとはじめてみたところ、いつの間にやら、玉ネギ、ニンニク、スパイスたっぷりのチャツネができ上がっていました。チャツネは、本場インドでは、料理に添えていただく薬味のようなものです。日本ではカレーを仕込むときの隠し味に使われることが多いのですが、ジャムのようにパンに塗ったり、ソースにしたりと用途はいろいろ。スパイスはずっと入れたままにしておくと、どんどん香りが強くなります。ほどよいところで、取り出しておくといいでしょう。

材料(作りやすい分量)　りんご・玉ネギ各300g　オリーブオイル大さじ2　生姜大1かけ　ニンニク3かけ　塩小さじ1強　レモン½個　〈A〉シナモン1かけ　カルダモン2個　クローブ3個　ローリエ1枚　こしょう(粒)5粒　鷹の爪1〜2本　〈B〉砂糖大さじ3　酢・白ワイン各90cc

作り方　①鍋にオリーブオイルと〈A〉を入れて弱火にかける。レモンは皮をせん切りにして汁をしぼる。②せん切りにしたニンニクと生姜を炒め、ざく切りの玉ネギと、いちょう切りにしたりんごを加えて透明感が出るまで炒める。③レモンの皮と汁、〈B〉を加え、中火で煮詰める。汁気が飛んだら塩で味をととのえる。④熱いうちにびんに詰める。
＊飴色になるまで煮詰めれば、冷蔵庫で1年もちます。

チキンカレー

材料(4人分)　鶏手羽元8本　玉ネギ2個　トマト大3個　ごはん適量　サラダ油大さじ5　カレー粉大さじ3　チャツネ大さじ2　香菜適量　塩小さじ1　こしょう少々　〈A〉塩小さじ½　こしょう少々　〈B〉ヨーグルト2カップ　おろしニンニク少々　塩小さじ½　キュウリ1本　紫玉ネギ¼個

作り方　①鶏肉に〈A〉を揉み込む。玉ネギと紫玉ネギ、トマトはみじん切りにする。キュウリはいちょう切りにする。②鍋にサラダ油を入れて鶏肉を炒める。表面に焼き色がついたら取り出す。③玉ネギを透明感が出るまで炒める。チャツネとカレー粉を加えて香りが出たら、トマトを加え、トマトが煮くずれるまで炒める。④鶏肉を戻し入れてふたをして肉が柔らかくなるまで弱火で煮る。塩、こしょうで味をととのえる。ごはんと④、混ぜ合わせた〈B〉を皿に盛る。香菜を添える。

りんごと玉ネギのチャツネを使ったアレンジ

ローストポーク

材料(4人分)　豚肩ロース肉ブロック500g　オリーブオイル大さじ1　〈A〉塩10g　おろしニンニク1かけ分　こしょう少々　〈B〉チャツネ大さじ4　日本酒大さじ2　醤油小さじ1〜2

作り方　①豚肉に〈A〉をすり込んで2時間おく。②強火で熱したフライパンにオリーブオイルを入れ、①の表面をこんがり焼く。③180度で予熱したオーブンに耐熱皿にのせた②を入れて40分焼く。串を刺して透き通った肉汁が出てきたら焼き上がり。④耐熱皿に残った肉汁と〈B〉を鍋に入れ、軽く煮詰めて肉に添える。

＊焼き上がった豚肉は、すぐに切り分けると肉汁が流れ出てしまうので、ホイルで包んで10分ほど寝かせる。

ピンクグレープフルーツゼリー

夏の贈り物にぴったりなのが、このゼリーです。砂糖を使わずに、グレープフルーツの果汁と果肉だけで作るので、グレープフルーツをそのまま食べているような清涼感があります。果汁を固めるのに寒天を使っているので、ゼラチンのように夏の外気温で溶け出してしまう心配がありません。

このびん詰めはシンプルに作っているだけに、素材の味がものをいいます。味の濃い、おいしいグレープフルーツが手に入ったらぜひ、作ってみてください。また、ピンクとホワイトを混ぜて作ってみてもきれいで、おいしいですよ。

材料(作りやすい分量)　ピンクグレープフルーツ6個　粉寒天3g

作り方　①グレープフルーツ3個は、皮を螺《ら》旋《せん》状にむき、薄皮と果肉の間に包丁を入れて果肉を外す。残りの3個は果汁をしぼり取る。②果肉を外したあとの薄皮もしぼって①の果汁と合わせて500ccにする。③鍋に果汁と粉寒天を入れて中火にかける。沸騰してきたら弱火にして混ぜながら1分煮る。④びんに果肉を入れて、③を流し入れる。粗熱が取れたらふたをして冷蔵庫で冷やす。

*甘みが足りなければ、砂糖を加えましょう。

ミニトマトのはちみつコンポート

　水っぽいトマトをおいしく食べるために作ったのが、このはちみつコンポートです。ミニトマトをはちみつに漬け込んでおくと、はちみつの糖分がトマトにしみ込み、余分な水分は外に出てきてシロップになります。つまり、果肉は甘くて濃厚になり、さわやかなシロップもたっぷりできて、一石二鳥というわけです。

　また、ミニトマトをお団子みたいに3個ぐらい串に刺しておくと、フィンガーフードのように手軽に食べられるので、ホームパーティのときのデザートにも使えて便利です。

材料(作りやすい分量)　ミニトマト18個　ミントの葉適量　〈A〉はちみつ大さじ2　レモン汁50cc

作り方　①ミニトマトはヘタを取って包丁の先を刺す。②沸かした湯に①を入れて、皮が弾けたらすぐに冷水に取る。③皮をむいてびんに入れ、〈A〉を加える。刻んだミントの葉を散らして軽く混ぜる。冷蔵庫で3時間ほどなじませる。冷蔵庫に入れて2〜3日で食べ切る。

＊普通のトマトを1cmの厚さに切って〈A〉でマリネにしてもおいしいです。

りんごの赤ワインコンポート

フルーツをコンポートにするときは、白ワインを使ってあっさりと仕上げることが多いのですが、りんごのコンポートには赤ワインを使うこともあります。そこに、レモンとシナモンを加えると、ちょっとエキゾチックな仕上がりに。りんごは厚めの輪切りにすると、びんへの収まりがよく、そのうえ食べやすくなります。軽く汁気を切って、1枚ずつ冷凍しておくと、シャリシャリのフローズンりんごの完成。また、りんごのヘタをつけたまま、皮だけむいた真ん丸の状態でコンポートにすると、見た目にも面白いですよ。

材料(りんご3個分)　りんご3個　〈A〉水550cc　赤ワイン200cc　グラニュー糖150g　シナモン1かけ　レモンスライス½個分　レモン汁大さじ2

作り方　①りんごは1.5㎝の厚さの輪切りにする。芯をペティナイフの先か、びんのスチール製のふたで抜き、皮をむく。②鍋に〈A〉を入れて砂糖を煮溶かす。りんごを加えて落としぶたをして弱火で10分煮る。熱いうちにびんに移してふたをする。粗熱が取れたら冷蔵庫で保存する。

＊りんごは酸味のある紅玉やジョナゴールドがおすすめ。脱気すれば、常温で3カ月の保存が可能。その場合は生のりんごと煮溶かした〈A〉をびんに詰めてふたをして脱気する。

桃のスパイシーコンポート

桃のコンポートというと、缶詰めのシロップ漬けを想像されるかもしれませんが、まったくの別物です。砂糖を控えめにして、スパイスの香りを移しているので、夏にぴったりのすっきりとした口当たりのデザートになります。もちろん桃は、そのまま食べておいしいくだものですから、おいしいものはそのまま、ちょっと味の薄いはずれの桃を買ってしまったときや、出盛りでお買い得のときに作るようにしています。イチジクやりんごも、同様にして作ることができますが、こちらもちょっと硬めのもので作るほうがおいしいようです。

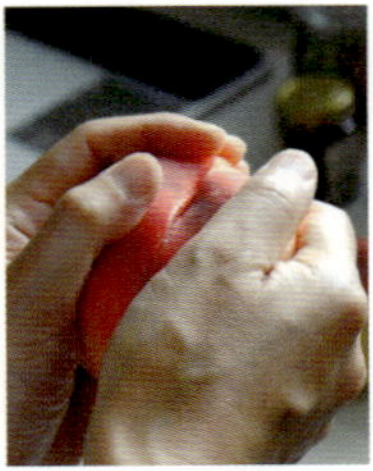

材料(作りやすい分量)　桃3個　〈A〉白ワイン・水各300cc　グラニュー糖120g　レモン汁大さじ2　カルダモン2粒　シナモン1かけ　生姜スライス3枚

作り方　①桃はきれいに洗う。アボカドを切る要領で、桃の筋に沿ってぐるりと包丁を入れ、両手で桃をつかんでひねる。2つに分かれたら皮をつけたままくし形切りにする。②鍋に〈A〉を入れて砂糖を煮溶かし、①を加えて落としぶたをして弱火で5分煮る。桃の皮が浮いてきたらむき取る。熱いうちにびんに移して粗熱を取る。

＊冷蔵庫で約2週間の保存が可能。

column 6

スパイスのこと

私の使っているスパイスボックスには、シナモン、カルダモン、クミンシードといった9種類ほどのスパイスが入っています。スパイスには、香りがいいだけではなくて、食欲増進、血行促進、肝機能増進といった薬効を持つものもあり、スパイスをたくさん使ったカレーを食べると元気が出るというのも、まんざら気のせいではないようです。

私の場合、インド料理好きが高じてスパイスを集めるようになったのですが、その特徴がわかってくると、インド料理以外にも使えて、いまでは私の作る料理には欠かせないものとなりました。とくによく使うのが、クミンシードです。フライパンで煎ってからすりつぶして、サラダやスープ、肉じゃがにもパラリと振りかけるだけで、エキゾチックな風味が加わります。煎ったクミンは香ばしさが際立ち、辛味もないので、いつもの食べ慣れた料理に少量をすりゴマのような感覚で使うと、がらりと味の印象が変わります。

デザートに使いやすいのは、甘い香りのシナモン、スーッとした香りのカルダモン、濃厚な甘い香りでピリッとした刺激香のあるクローブでしょうか。とくにカルダモンはミルクとの相性が抜群で、バニラアイスクリームに使うと、ワンランクアップのおいしさになります。どのスパイスも、使いすぎると薬を食べているような味になるので、慣れないうちは少量から使いはじめることをおすすめします。

また、スパイスが新鮮なうちに、インドの混合調味料ガラムマサラやチャイマサラ、シナモンシュガーを作っておくと、すぐに使えて便利です。

ここでは、私のいちばんのおすすめ、チャイマサラの作り方をご紹介しましょう。ドライジンジャー15枚、シナモン小指大2本分、カルダモン・クローブ各20個、フェンネルシード小さじ2を粗めにすりつぶして、完成です。沸騰した湯¼カップにチャイマサラ小さじ½と紅茶の葉大さじ1強を加えて弱火で1分煮出してから、牛乳1カップを加えて温めます。砂糖をたっぷり入れていただくのですが、ほんのちょっとバターを落としたり、耳かき1杯ぐらいの塩を足すと味が締まっておいしいですよ。

梅シロップ

梅で仕込むものには、梅酒に梅干し、梅ジャムと、いろいろありますが、はじめて作るのであれば、梅シロップはいかがですか？　簡単ですし、梅酒と違ってお酒は使いませんから、小さなお子さんのいる家庭にもおすすめです。ちょうど、完成する頃は、梅雨真っ盛り。そんなときに梅のクエン酸がしみ出したシロップを炭酸水で割って飲むと、体がシャキッとします。おいしく作るコツは、砂糖に漬けたら、毎日びんを振って、できるだけ早く砂糖を溶かすこと。このレシピは、熟した小梅で漬けましたが、普通の梅でも青梅でもおいしく漬けられます。

材料（作りやすい分量）　小梅1kg　砂糖（きび砂糖、グラニュー糖、ザラメなどを同割で合わせて）1kg

作り方　①小梅はきれいに洗って水気を拭き、ヘタを楊枝の先で取る。②ボウルに小梅を入れ、⅓量の砂糖をまぶす。③びんに②を入れ、上から残りの砂糖をかける。毎日、びんをゆすって砂糖と梅をなじませる。砂糖が溶けて梅がシワシワになったらシロップをザルで漉す。1時間ほど湯煎にかけて再びびんに詰める。

＊湯煎にかけるのは、シロップが発酵するのを防ぐためです。常温で半年もちます。

赤紫蘇シロップ

梅が出盛りになる6〜7月には、赤紫蘇も店頭に並びます。この時期が赤紫蘇シロップを仕込むチャンスです。私もこの時期を逃さないように仕込むのですが、おいしいので、いつもすぐに飲み切ってしまいます。だから、仕込むときはたっぷりと！　がおすすめです。

わが家では6月にこのレシピの倍量を作って、さらに7月にも同じ量を仕込んでいます。赤紫蘇シロップで作るソーダは、夏のエナジードリンク。のど越しすっきりで、夏バテ防止に欠かせないシロップです。

材料(作りやすい分量)　赤紫蘇(茎を除いて)200g　水1.5L　グラニュー糖500g　酢1カップ

作り方　①大きな鍋に分量の水を入れて沸かし、水洗いした赤紫蘇の葉を入れる。箸で沈めて再び沸騰してから5分煮出す。②葉から赤い色素が抜けて青くなったらザルで漉す。③②の煮汁を鍋に移して、グラニュー糖、酢を半量加える。鮮やかな明るい赤紫色に変わったら、グラニュー糖を煮溶かして、中火で⅔量ぐらいになるまで煮詰める。④火を止めて残りの酢を加え、粗熱が取れてからびんに詰める。常温で4カ月もつ。

ミントシロップ

ミントシロップ

生のミントで作るカクテル「モヒート」を、ミントシロップで簡単に作れるようにと仕込みました。ミント独特のスーッとする精油成分は揮発性のものなので、生のミントそのもの、というわけにはいきませんが、風味は十分に楽しめます。

　その他の使い方としては、レモン汁を加えたミントシロップで角切りフルーツをマリネにして、イタリアのフルーツポンチ「マチェドニア」に。また、アイスティーに入れると、ミントティーに変身します。使用するミントは、スペアミントとペパーミントがおすすめです。

材料(作りやすい分量)　ミント(太い茎を取り除く)70g　〈A〉水250cc　砂糖200g

①ミントの葉30gは粗く刻む。②鍋に〈A〉と刻んでいないミントの葉を入れて弱火で10分間煮る。③火を止めて、①を入れてかき混ぜる。ふたをして5分蒸らす。ザルで漉してびんに詰め、冷めてからふたをする。常温で2カ月もつ。

レモンシロップ

ジュースを買って飲むのもいいですが、自家製シロップを使ったドリンクは格段においしいものです。また、自分で選んだ材料だけで作るので、安心していただけます。このレモンシロップには、しぼり汁だけではなく、皮も使うので、無農薬でノーワックスのレモンを使います。国産のものは11月から2月頃まで出回るので、出盛りの安い時期に仕込むといいでしょう。レモンシロップがひとびんあると、レモネードもすぐにできるし、紅茶に入れればレモンティーに。夏はかき氷のシロップや、炭酸水で割ってレモンスカッシュにするのもおすすめです。

材料(作りやすい分量)　無農薬・ノーワックスのレモン8個　グラニュー糖800g　水1L

作り方　①レモンはよく洗ってからピーラーで皮を薄くむき、皮は取っておく。鍋に分量の水を入れて沸かし、レモンを入れて2分茹でる。②①の茹で汁を500cc取りおく。レモンを取り出して、半分に切り、汁を300ccしぼり取る。③鍋に②のゆで汁と①でむいた皮、グラニュー糖を入れて皮に透明感が出てくるまで(約5～6分)中火で煮る。④③にレモン汁を加えてさらに3分ほど煮て火からおろす。⑤ガーゼで漉してびんに詰める。常温で2カ月、脱気すれば1年もつ。

生姜シロップ

京都の夏の風物詩のひとつに「冷やしあめ」があります。「冷やしあめ」とは関西独特の飲み物で、生姜とニッキ（シナモン）の風味の琥珀《こはく》色をした冷たい飲み物です。ひと口飲むと、京都のうだるような暑さにやられた体の熱を、スーッと取ってくれます。

そんな「冷やしあめ」を東京でも飲めるようにと作ったのが、この生姜シロップです。好みの濃さに水で割って、氷を使わず、冷蔵庫でキンキンに冷やして飲むのがおすすめです。温かいミルクティーに入れるとチャイ風にもなります。

材料(作りやすい分量)　生姜300g　水450cc　砂糖600g　水あめ300g　シナモン1～2かけ

作り方　①生姜は泥を洗い流し、すりおろしてガーゼでしぼり、汁としぼりかすに分ける。②鍋に水と砂糖、生姜のしぼりかすを入れてひと煮立ちさせてアクを取る。弱火で10分ほど煮て、ガーゼで漉してしぼる。③鍋に②を戻し入れて、水あめとしぼり汁、シナモンを加えてひと煮立ちしてから弱火で8分ほど煮て火からおろす。びんに詰めて冷蔵庫で保存すると、3カ月の保存が可能。

＊麦芽水あめが手に入ればさらに本格的な仕上がりになります。

自家製リキュールを作る

自家製リキュールの代表格といえば、梅酒でしょうか。私も毎年、梅の季節になると梅酒を欠かさず漬けています。

ただ、普通に作るだけでは面白くないので、レモンを皮ごと輪切りにしたものと一緒に漬けて「レモン梅酒」にしたり、ジンやウオッカで漬けたりして、普通の梅酒との味の違いを楽しんでいます。このように、自分好みのアレンジができるのが、自家製リキュールのいいところです。

そして、色鮮やかな果実を使って作るリキュールは、漬けている間の果実の様子を眺めるのも楽しみのひとつです。いつも目につく場所に置いて、色の変化を眺めながら、ときどきびんを揺すって混ぜるようにすると、果汁の抽出が促進されます。

さて、私が漬ける果実を使ったリキュールの基本的な配合は、アルコール10に対して、果実が6、砂糖が5の割合です。漬け込み期間は、果実の大きさにもよりますが、3カ月〜1年ぐらいで、3カ月目ぐらいから味見をして、ほどよいところで果実を引

き上げておくと、すっきりとした味わいが長く楽しめます。

果実以外で簡単に作れるおいしいリキュールも紹介しておきましょう。それはラム酒にコーヒー豆を漬け込んだ「コーヒーラム」です。ダークラムかホワイトラム450ccに砂糖100gとコーヒー豆25gを漬けて、毎日びんを振って砂糖を溶かします。

1カ月ぐらいたったら漉して、コーヒー豆を取り除いて完成です。ホワイトラムには氷砂糖を使ってすっきりと、ダークラムにはきび砂糖を使ってさらにコクを加えると、味の違いが楽しめます。焙煎したての新鮮なコーヒー豆で作ると、食後酒にぴったりの、香り高い大人のリキュールの完成です。

レモンと生姜のコンフィ

以前、レモンをたくさんいただいたときに、手早く何か作れないかと考えたのが、このコンフィでした。作り方はとにかく簡単です。用意するのはレモンと生姜と砂糖、そして清潔なびんだけ。たっぷりの砂糖で漬け込むと、浸透圧でレモンと生姜のエキスがびんいっぱいにしみ出してきます。これで完成。

レモンと生姜をカップに入れてお湯を注ぐと、体がぽかぽか温まるホットドリンクになるし、細かく刻んで、焼き菓子に使ってもおいしいですよ。砂糖の代わりに、はちみつを使って作ると、また違った味わいが楽しめます。

材料(作りやすい分量)　無農薬・ノーワックスのレモン3個　生姜大1かけ　グラニュー糖(レモンと生姜を合わせた重量と同量)

作り方　①レモン2個と生姜はきれいに洗い、薄切りにする。②びんにレモン、グラニュー糖、生姜、グラニュー糖と交互に重ねて詰めていく。③最後はグラニュー糖で覆って、残りのレモンをしぼって汁を口いっぱいまで注いでふたをする。冷蔵庫で保存しておくと1カ月もつ。

ナッツとドライフルーツのはちみつ漬け

イタリア製のナッツとドライフルーツのはちみつ漬けを買ってみたら、思ったような味ではなくて、ガッカリしたことがあります。悔しかったので、すぐに自分の好きなナッツとドライフルーツで挑戦してみたら、こちらのほうが、ずっとおいしかったのです。やっぱり自分好みの食材で作ると、ひと味もふた味も違ってくるんですね。作る際には、アカシアなどのあまりクセが強くないはちみつを選んだほうがいいでしょう。

おすすめの食べ方は、ブルーチーズや白カビのチーズにのせて、デザートワインと一緒にどうぞ。

材料(作りやすい分量) レーズン・サルタナレーズン・ドライイチジク・くるみ・アーモンド・ペカンナッツ・カシューナッツなどお好みのドライフルーツとナッツ各30g　はちみつ450g

作り方 ①ナッツ類を天板に並べて150度のオーブンで10～15分間ローストする。紙の上に広げて冷ましておく。②はちみつはびんのまま湯煎にかけてゆるくする。③びんにドライフルーツとナッツを入れてはちみつを注ぐ。粗熱が取れたらふたをする。

＊常温で半年の保存が可能。

かりんのはちみつ漬け

のど飴でおなじみの「かりん」は、咳やのどの炎症を抑える成分を持つ果実として知られています。ただ、渋みが強いので、生のままでは食べられません。ですから、はちみつやアルコールに漬けて、薬効成分を抽出するというのが、一般的な方法なのです。かりんは種にもたくさんの薬効成分が含まれているので、びん詰めにする際は捨てずに、果肉と一緒に漬け込みましょう。

　また、漬けたあとの果肉を乾燥させておいて、カップに入れてお湯を注ぐと、かりん茶としてもいただけます。

材料(かりん1個分)　かりん1個　はちみつ(かりんの重量の3倍)

作り方　①かりんは熱い湯で表面をよく洗う。②半分に切って種を取り出し、果肉を包丁かピーラーで薄切りにする。はちみつはびんのままふたを開けて湯煎にかけてゆるくする。③びんにかりん(種も一緒に)とはちみつを加えてふたをする。2日に1回、スプーンかマドラーで底からしっかりとかき混ぜる。④2カ月ほど漬けたら、ガーゼで漉してびんに詰め、1時間ほど湯煎にかける。

＊④で湯煎にかけるのは、シロップが発酵するのを防ぐためです。常温で1年もちます。

column 8

びん詰めラベルのこと

びん詰めができ上がったら、すぐにラベルを貼ります。中身がわかりやすいだけでなく、仕込んだ日もあわせて書いておくと、消費期限の判断もつくし、早く食べたほうがいいものを冷蔵庫の手前に置いたりと、収納の工夫もできます。

ラベリングでいちばん簡単なのが、マスキングテープを使う方法です。マスキングテープは、お惣菜など1週間ぐらいで食べ切るものに使っています。水にも強く、びん詰めを食べ切ったあとも、きれいに剥がせて、糊残りがありません。色や柄のバリエーションも多く、おかずなら茶色、お漬けものなら緑色と、びん詰めの種類ごとに色分けしておくと、冷蔵庫の中を探し回ることもありません。ただ、長期間保存するジャムやシロップは、保存の途中で剥がれてしまわないように、接着力の強いラベルを使ったほうがいいでしょう。

また、びん詰めをおすそわけに使うときは、和紙で作ったラベルに、私のトレードマークでもあるオサル印のハンコを押して貼りつけます。ラベルをひと工夫すると、びん詰めがとても素敵なプレゼントになるのです。

第 4 章

料理の隠し味
魔法の調味料

グリーンソース

パセリを買いに行くと、少しだけでいいのに、ブーケのように束ねて売られていることがほとんどですよね。使い切れないほどのパセリを買ってきたときは、このグリーンソースを仕込みます。ペーストにしてあるのですぐに使え、合わせる素材も野菜、肉、魚と選びませんから、使い勝手がいいんです。

　茹でたての野菜をあえて、ホットサラダにしたり、肉や魚のソースにして使います。日がたつと、鮮やかな緑色がくすんできますが、1週間くらいなら大丈夫。冷蔵庫で保存してください。

材料（作りやすい分量）　パセリ（茎を取り除く）50g　玉ネギ¼個　ニンニク1かけ　レモン½個　オリーブオイル100cc　塩小さじ⅔

作り方　①玉ネギはみじん切りにして塩小さじ½（分量外）をまぶして5分おく。水気が出てきたら、さらしにくるんで水気をしぼる。②レモンは汁をしぼって、皮をすりおろす。③パセリ、みじん切りのニンニク、①、②、塩を入れ、オリーブオイルを注いでフードプロセッサーにかける。

＊お好みで少量のケイパーを加えたり、イタリアンパセリで作るとさらにおいしくなります。

タブレ

材料(4人分)　ミント1パック　パプリカ赤・黄各¼個　キュウリ1本　紫玉ネギ¼個　トマト½個　〈A〉クスクス1カップ　塩小さじ1　オリーブオイル大さじ1　〈B〉グリーンソース大さじ3　クミン小さじ1と½　レモン汁大さじ1と½　塩・こしょう各少々

作り方　①〈A〉を耐熱容器に入れ、熱湯2カップを注いでかき混ぜる。すぐに湯切りして、ラップをかけて5分蒸らす。②①をホイッパーでほぐして電子レンジで5分加熱する。③②をホイッパーでほぐして粗熱を取る。④ミントはざく切り、その他の野菜は1cmの角切りにする。⑤ボウルにミント以外の野菜と〈B〉を入れてなじませる。⑥⑤に③を加えて混ぜ合わせ、冷蔵庫で冷やす。食べる直前にミントを散らす。

イワシのグリーンソース煮

材料(2〜3人分)　イワシ(腹開きか3枚おろし)6尾分　オリーブオイル大さじ2　白ワイン50cc　グリーンソース大さじ2　塩・こしょう各適量

作り方　①イワシの両面に塩とこしょうを軽く振って5分おく。出てきた水気は拭き取る。②フライパンにオリーブオイルを入れて、中〜強火で①を皮目から焼く。焼き色がついたら裏返して白ワインを入れる。③ひと煮立ちしたら、グリーンソースを加えて弱火にし、ソースをかけながら火を通す。④皿に盛り、こしょうを振る。お好みでグリーンソース(分量外)をかけて食べる。

玉ネギソース

野菜の中でいちばん好きなものは？と聞かれたら、即座に「玉ネギ」と答えます。生で食べるとピリッと辛い玉ネギが、じっくり火を通すと、甘く変身して、料理の味に丸みをつけてくれるからです。その玉ネギと、長ネギをたっぷり使ったソースですから、おいしくないわけがありません。しかも、おろし生姜をたっぷり加えているので、肉や魚の臭み消しの役目を果たしつつ、味付けができます。ここでは粗みじん切りで作っていますが、スライスにしたり、粗めにおろした玉ネギで作ってもおいしいです。

材料(作りやすい分量)　玉ネギ2個　長ネギ1本　サラダ油大さじ1　醤油75cc　おろし生姜大1かけ分　〈A〉日本酒150cc　みりん100cc　砂糖 大さじ1

作り方　①玉ネギと長ネギは粗みじん切りにする。②鍋にサラダ油を入れて①に透明感が出てくるまで弱火で炒める。③②に〈A〉を入れてひと煮立ちさせ、ふたを少しずらしてのせ、弱火で5分ほど煮る。④醤油と生姜を入れて味がなじむまで1～2分煮る。

＊冷蔵庫で1カ月くらい保存が可能。

真だらの玉ネギソース蒸し

材料(2人分)　真だら2切れ　長ネギ1本　しいたけ4枚　三つ葉1株　レモン½個　〈A〉日本酒大さじ1　塩ひとつまみ　〈B〉玉ネギソース大さじ3　日本酒大さじ1

作り方　①真だらに〈A〉をまぶして10分おき、水気を拭き取る。②長ネギは斜め切り、しいたけは3つにそぎ切り、三つ葉はざく切りにする。③蒸し器に入れられるうつわの底に長ネギを敷き、その上に、しいたけ、①をのせる。④〈B〉を混ぜて真だらの上にかける。⑤蒸し器に入れて強火で10分蒸す。三つ葉を散らしてレモンを添える。

レンコンバーグ

材料(4人分)　豚ひき肉300g　レンコン120g　しいたけ4枚　玉ネギ¼個　青ネギ1本　生姜½かけ　サラダ油大さじ1　大根おろし大さじ6　えのきだけ1パック　玉ネギソース大さじ4　〈A〉塩小さじ1　日本酒大さじ1　醤油小さじ⅔

作り方　①⅓量のレンコンと生姜をすりおろす。残りのレンコンとしいたけ、玉ネギをみじん切りにする。②豚ひき肉と〈A〉を粘りが出るまで混ぜ合わせ、①を加えて混ぜ合わせる。③手にサラダ油をつけて4等分にした②を小判形にまとめる。④強火で熱した厚手のフライパンにサラダ油(分量外)を引いて③を焼く。焼き色がついたら裏返し、えのきだけをまわりに並べて水50ccを入れてふたをする。中火で5分ほど蒸し焼きにする。⑤ふたを取って、大根おろしと玉ネギソースを入れて、さっと煮る。斜め切りにして水にさらした青ネギをのせる。

りんごドレッシング

わが家の定番のドレッシングです。フレンチドレッシングのような酸味の強いドレッシングは、酸っぱいものが苦手なオットには不評で、サラダに使ってもあまり食べてもらえません。どうにかして野菜をたくさん食べてもらえるようにと考え出したのが、このりんごドレッシングなのです。すりおろしたりんごをドレッシングに加えてみたら、自然な甘みが加わって、ツンとした酸味の角が取れてとても食べやすく、そしておいしくなりました。フルーツはお好みでオレンジやぶどうに代えてもOK。意外なところでは、いちごもおいしいですよ。

材料(作りやすい分量)　りんご(皮付き)150g　ニンニク$\frac{1}{2}$かけ　〈A〉粒マスタード大さじ1　レモン汁大さじ2　塩小さじ1　こしょう少々　白ワインビネガー大さじ1　オリーブオイル100cc

作り方　①りんごはよく洗って、手早くすりおろす。ニンニクもすりおろす。②ボウルに①と〈A〉を入れてホイッパーで混ぜ合わせる。

＊冷蔵庫で約2週間の保存が可能。

ムンチだれ

「ムンチ」とは韓国料理の「あえ物」のことです。焼き肉屋さんのメニューでおなじみの「ムンチサラダ」も、葉野菜をドレッシングであえたものですよね。つまり、ムンチだれは、いろいろなあえ物に使える便利なタレなのです。

　さて、ムンチだれを使うとピビン麺も簡単にできます。韓国冷麺か太めのそうめんをこれであえるだけ。あとはお好みでキュウリのせん切りや春菊、白髪ネギを添えれば完成です。夏の暑い日に、酢っぱ辛いピビン麺をズルズルとすすると、吹き出した汗がスーッと引いていくのがわかります。

材料（作りやすい分量）　醤油・韓国唐辛子・砂糖各大さじ2　コチュジャン・酢各大さじ5　ゴマ油大さじ3　おろしニンニク1かけ分

作り方　①すべての材料をボウルに入れて混ぜ合わせる。冷蔵庫で2カ月くらい保存できる。

＊刺身用のいかの細作りや白身魚をムンチだれであえて、せん切りの生野菜と一緒に食べてもおいしいです。

濃いだし

「濃いだし」とは、いわゆる、めんつゆのことです。水をいっさい加えずに作るので、冷蔵庫に入れておけば1カ月は日もちするわが家の常備品です。

スーパーに行けば、市販のめんつゆが棚にずらりと並んでいるので、わざわざ作る必要はないのかもしれませんが、それだと「わが家」の味になりません。どこの家も同じ味では、寂しいものです。ちょっと面倒でも、自分好みの調味料とさじ加減で作ってみませんか？　おどんぶり、つけだれ、煮物にと使える万能だれなので、1本あると重宝しますよ。

材料(作りやすい分量)　醤油300cc　日本酒120cc　みりん180cc　かつお節60g　昆布20cm

作り方　①鍋に日本酒、みりん、昆布を入れてひと晩おく。②鍋を火にかけて弱火で5分ほど煮る。醤油を入れ、ふつふつとしてきたらかつお節を加えて弱火で10分ほど火にかけて漉す。冷めたらびんに入れて冷蔵庫で保存する。

＊臭みが出るので、煮立てないようにする。

おそば屋さんのだし巻卵

材料(4人分)　卵4個　ゴマ油・サラダ油各大さじ1　大根おろし大さじ4　醤油適量　〈A〉濃いだし大さじ1と⅓　水60cc　砂糖小さじ1

作り方　①卵を溶きほぐして、〈A〉を加えて混ぜ合わせ、ザルで漉す。②卵焼き器かフライパンを強火で熱し、ゴマ油とサラダ油を合わせたものをたっぷりしみ込ませたキッチンペーパーで油をなじませる。③①を¼量流し入れて大きな気泡ができたら、箸で空気を抜き、まだ半熟の状態で卵焼き器を返しながら巻く。これをくり返して焼き上げる。④食べやすい大きさに切って皿に盛り、軽く水気を切った大根おろしに醤油をかけて添える。

豚丼

材料(2人分)　豚ばら肉160g　玉ネギ⅓個　生姜½かけ　絹さや6枚　濃いだし½カップ　水1カップ　紅生姜(P54参照)少々　ごはん適量

作り方　①豚肉は食べやすい大きさに切る。玉ネギはくし形切り、生姜はせん切り、絹さやは斜め半分に切る。②鍋に濃いだしと水を入れて沸かし、生姜、玉ネギ、豚肉を入れて玉ネギが柔らかくなるまで煮る。火を止める直前に絹さやを加えて火を通し、ごはんを盛ったどんぶりに盛りつけて紅生姜を添える。

同割だれ

その名のとおり「醤油」「みりん」「日本酒」を同じ割合で合わせたタレです。わが家のキッチンの調理台は狭く、いろいろな調味料を出しておくとごちゃごちゃして使いづらいので「それなら最初から合わせておいては？」と、思い立ったのがはじまりでした。そして使ってみると、これがとても便利だったのです。私は、基本的に肉や魚などのだしの出る素材が入る煮物には、かつおだしは使わないので、濃いだしよりも、この同割だれが活躍します。煮詰め具合で、煮物にも焼物にも使えます。甘みが必要なときは砂糖を足して使用します。

材料(作りやすい分量)　醤油・みりん・日本酒各100cc

作り方　①同量の醤油とみりん、日本酒を合わせる。

＊常温で2カ月もつ。

100ml
PYREX®
IWAKI TE-32
ASAHI GLASS
MADE IN INDONESIA
UNDER LIC.
100
APPROX
80
60
40
20

鶏のくわ焼き

材料(2人分)　鶏もも肉1枚　ピーマン2個　片栗粉適量　サラダ油小さじ1　〈A〉塩ひとつまみ　日本酒大さじ1　〈B〉同割だれ50cc　砂糖小さじ1

作り方　①鶏肉は6等分にして〈A〉を揉み込んで10分おく。ピーマンは4つ切りにする。②①の汁気を拭いて片栗粉をまぶし余分な粉は払い落とす。③中火で熱したフライパンにサラダ油をなじませ、ピーマンを焼いて取り出す。④②を皮目から焼き、弱火にしてキッチンペーパーで脂を拭きながらカリッと焼く。裏側も焼き、串を刺して透明な汁が出てきたら〈B〉を回し入れて、弱火で煮絡める。

筑前炊き

材料(4人分)　鶏もも肉200g　レンコン小1節　ゴボウ1本　しいたけ3枚　ニンジン⅔本　生姜ひとかけ　ゴマ油小さじ1　砂糖小さじ2　同割だれ½カップ　水適量　〈A〉日本酒大さじ1　塩ひとつまみ

作り方　①鶏肉はひと口大に切って、〈A〉を揉み込んで10分おく。②レンコン、ゴボウは乱切りにして酢水(分量外)にさらす。ニンジンも乱切り、生姜はせん切り、しいたけは半分に切る。③鍋を中火で熱してゴマ油を入れ、水気を拭き取った①を皮目から焼く。鶏肉の表面が焼けたら、②を加えて炒める。④ひたひたの水と砂糖を加え、強火でひと煮立ちさせてアクを取る。⑤同割だれを加え、ふたを少しずらして中火で10分ほど煮る。途中で鍋をあおって上下を返す。ふたを取り、煮汁が少し残るぐらいまで煮詰める。

すし酢

子どもの頃、母がよくばら寿司やおいなりさんを作ってくれました。ごはんを炊いている間に、すし酢を作り、具の下ごしらえをして、手際よくやっていたものです。お寿司などのごはん物は、お吸い物でもあれば、それだけで十分ごちそうになりますから、忙しい主婦のお助けメニューだったのかもしれません。私も忙しいときに、ごはんにすし酢を合わせて、あらかじめ炊いておいたいなりあげに詰めて、晩ごはんにすることがよくあります。すし酢を作っておくと鍋を1個洗う手間も省けます。何かと使えるすし酢です。ぜひ、作ってみてください。

材料(作りやすい分量)　酢240cc　砂糖160g　塩大さじ4

作り方　①鍋にすべての材料を入れて煮立てないようにして砂糖と塩を煮溶かす。冷ましてからびんに入れて冷蔵庫で保存する。約2カ月もつ。

＊すし飯を作るときのごはんとすし酢の割合は、ごはん3合に対して、すし酢60ccで混ぜ合わせる。

柚子ぽん酢

柚子が出盛りの12月頃に仕込むのが、この柚子ぽん酢です。柔らかい酸味の柚子ぽん酢は、繊細な味わいの湯豆腐に欠かせないものです。仕込んで1カ月ぐらいからいただけますが、もう少し我慢して2カ月ぐらい寝かせてから使うと、酸味の角が取れて、さらにおいしくなります。私はかぼすが出回る夏にも「かぼすぽん酢」を仕込みます。こちらは、柚子で作るものよりキリッとした味で、サンマなど脂の多い焼魚をいただくときに最適です。同じ柑橘類でも仕上がりが全然違います。2種類を合わせたものもおいしいですよ。ぜひ、お試しください。

材料(作りやすい分量)　昆布15cm　かつお節30g　〈A〉ゆず果汁150cc　醤油200cc　みかん果汁90cc　酢大さじ2

作り方　①昆布とかつお節を広口のびんに入れ、〈A〉を注いで冷蔵庫で3晩おく。②ガーゼで漉して、びんに詰めて冷蔵庫で保存する。1年で使い切る。

＊保存の際は、びんの口までたっぷり詰めてなるべく空気に触れないようにしましょう。

column 9

だしがらも無駄にはしません

　おだしを取ったときに出る、昆布とかつお節のだしがら。「がら」とはいっても、まだ味も栄養も残っていますから、捨てるには惜しいものです。

　私は、そのだしがらをふりかけに変身させています。ごはんと混ぜておにぎりにしたり、焼きうどんの味付けに使ったりと、何かと使えて重宝します。

　私はだしをまとめてたくさん取るので、だしがらもたっぷりできますが、少量のだししか取らないという場合は、だしがらをラップで包んでビニール袋に入れて冷凍し

ておきましょう。そしてある程度の量がたまってから、ふりかけにするといいでしょう。

作り方は昆布とかつお節のだしがら合わせて300gをフードプロセッサーにかけてから鍋に入れ、同割だれ（P202参照）½カップ、醤油80cc、砂糖大さじ1を加えて汁気がなくなるまで煎り煮にして、白いりゴマと青のりを各大さじ2杯加えるだけ。

七味唐辛子を加えてピリッと辛い大人味にしたり、ほぐした焼き明太子を加えたりと、いろいろなアレンジも楽しんでいます。

ジェノバソース

夏に食べたいパスタといえば、たっぷりのバジルで作った「パスタジェノベーゼ」です。本場イタリアのジェノバソースは、松の実を使いますが、このレシピでは、いつもストックしているくるみを使って作ります。パスタはもちろん、茹でたジャガイモとタコをあえたりと、使いやすいソースです。

　表面が空気に触れないようにオリーブオイルで覆っておけば、冷蔵庫で10日ほどもちます。私はたくさん作ってひとびんだけ冷蔵庫へ。残りは冷凍して、使うときに解凍しています。

材料(作りやすい分量)　バジル(茎を取り除いて)90g　くるみ30g　ニンニク2かけ　オリーブオイル150cc　塩小さじ2　アンチョビ2枚

作り方　①くるみは天板に並べ、150度のオーブンで10分ローストして冷ます。②フードプロセッサーにざく切りにしたニンニク、くるみ、アンチョビを入れて細かくする。オリーブオイルを加え、最後にバジルと塩を加えてペースト状にする。空気に触れると変色するので、なるべく小さなびんに小分けにして保存する。

Romi-Unie
WECK

レモンのコンフィ

モロッコ料理で調味料として使われるのが、この「レモンのコンフィ」です。モロッコ料理屋さんで、鶏肉のタジンを食べたときに、黄色の野菜らしきものが入っていて、かじってみると、ほろ苦いレモンの香りが口の中に広がり、驚いたことがあります。レモンのコンフィの存在は知っていたのですが、味わったのははじめてだったので、「これがそうか!」と感動したものです。煮込みにはもちろん、トロトロの汁をドレッシングに使ったり、皮をお菓子に入れたりと、使い道はいろいろ。無農薬&ノーワックスのレモンでぜひ、作ってみてください。

材料(作りやすい分量)　無農薬・ノーワックスのレモン3個　粗塩(レモンと同量)

作り方　①レモン2個はヘタを取って8等分のくし形切りにして種を取る。残りの1個はしぼっておく。②びんの底に粗塩を敷き、その上にレモン、粗塩、レモンと交互に入れて隙間を作らないようにギュッと詰める。③最後に塩で覆ってレモン汁を注ぎ入れてふたをする。④レモンから水分が出てくるまで、常温で2週間ほどおく。1カ月ぐらいで塩とレモンがなじんできたら使える。その後は冷蔵庫で保存して、1年ぐらいもつ。

＊小さめのびんに押し込むように詰めると、レモン果汁がしみ出して塩とのなじみがよくなります。

チキンのタジン風

材料(4人分)　骨付き鶏もも肉ぶつ切り600g　ニンジン1本　ジャガイモ2個　玉ネギ1個　セロリ1本　生姜1かけ　ニンニク1かけ　オリーブ8粒　オリーブオイル大さじ4　レモンのコンフィ2切れ　こしょう少々
〈A〉塩・おろしニンニク・クミン各小さじ1　こしょう少々

作り方　①鶏肉に〈A〉を揉み込んで30分おく。ジャガイモは2等分、玉ネギはくし形切り、ニンジンとセロリは4等分にする。ニンニクと生姜はせん切りに、レモンコンフィは皮のみを細切りにする。②鍋にオリーブオイル大さじ1を入れ、鶏肉を皮目から焼く。全面に焼き色がついたら取り出す。③鍋に残りのオリーブオイルを入れて、ニンニクと生姜を炒め、残りの野菜類を炒める。④③に鶏肉を戻してレモンコンフィとオリーブを入れ、ふたをして弱火で20～30分蒸し煮にする。⑤ざっと混ぜ、お好みでこしょうを振る。

いかゲソとエンペラのレモン炒め

材料(2人分)　ゲソとエンペラ(1ぱい分)　レモンのコンフィ1切れ　ニンニク1かけ　鷹の爪½本　オリーブオイル大さじ1　白ワイン大さじ2　塩・こしょう・イタリアンパセリ各少々　レモン⅛個　ベビーリーフ適量

作り方　①フライパンにオリーブオイルと種を取ってちぎった鷹の爪とつぶしたニンニクを入れて弱火で炒めて香りを出す。②食べやすく切ったゲソとエンペラを入れて強火で炒め、白ワイン、皮のみをせん切りにしたレモンコンフィを入れて炒める。みじん切りのイタリアンパセリとこしょうを散らす。③皿にベビーリーフと②を盛り、レモンを添える。

＊レモン汁をしぼって、ベビーリーフと混ぜながら食べるとおいしい。

柚子こしょう

私がはじめて柚子こしょうを口にしたのは、佐賀料理の店でした。お造りをいただくとき、店のご主人に「うちの自家製の柚子こしょうをつけて食べてごらん」とすすめられ、いわれるがままに食べてみたら、とってもおいしくて感動したものです。最近は、いろいろなメーカーが柚子こしょうを出していますが、はじめて食べた料理屋さんの柚子こしょうが忘れられず、自分でも仕込むようになりました。材料は青唐辛子と青柚子、そして塩だけです。フードプロセッサーを使うと簡単ですが、すり鉢で作ると、よりいっそう香り高くでき上がります。

材料（作りやすい分量）　青柚子の皮10個分　青唐辛子（青柚子の皮と同じ重量）　粗塩（青柚子の皮と青唐辛子を合わせた重量の25%）

作り方　①青柚子の皮を螺旋状にむいて、内側の白い部分を包丁でそぎ取る。②青唐辛子のヘタを取って、半量は縦に2つに切って種を取り除く。③①と②、粗塩をフードプロセッサーにかけて少し粒が残るぐらいのペースト状にする。びんに詰めて冷蔵庫で約1カ月寝かせる。長期保存するものは冷凍庫へ入れると色鮮やかなまま1年もつ。

＊青唐辛子を扱うときは、使い捨てのビニール手袋が必須アイテム。素手で唐辛子を触ったあとにうっかり目をこすったりすると大変なので、ご注意を。

鶏肉とセロリの柚子こしょうあえ

材料(4人分)　鶏むね肉1枚　セロリ1本　紫玉ネギ⅙個　チャービル適量　〈A〉日本酒大さじ1　塩小さじ1　〈B〉柚子こしょう小さじ½　サラダ油大さじ1　柚子果汁(なければレモン汁)大さじ1

作り方　①鶏肉は、〈A〉をまぶして10分おき、たっぷりの沸騰した湯に入れる。再沸騰してから弱火で2分茹で、ふたをして火を止める。粗熱が取れたら、茹で汁につけたまま冷蔵庫で冷やし、皮を取って適当な大きさに裂く。②セロリと紫玉ネギは薄切りにする。セロリに塩ひとつまみを振り、しんなりしてきたら水気を軽くしぼる。③①と②をボウルに入れ、〈B〉を合わせて回し入れる。手でさっくりとあえて盛りつけ、チャービルを散らす。

大根皮の柚子塩きんぴら

材料(4人分)　大根の皮⅓本分　ゴマ油小さじ1と½　柚子こしょう小さじ⅔　〈A〉干し貝柱の日本酒漬け(P28参照)の酒大さじ1と貝柱⅔個　みりん小さじ1　水大さじ1

作り方　①大根の皮をよく洗って、繊維を断つように5㎜の細切りにする。②フライパンにゴマ油を入れ、①をしんなりするまで炒める。③〈A〉を加えてなじんだら、柚子こしょうを入れてさっと炒める。味が足りなければ柚子こしょうか塩で味をととのえる。

ねり柚子塩

柚子は大好きな薬味のひとつです。麺類や煮物など、年中使いたいのですが、残念なことに旬の冬にしか出回りません。そこで、柚子があるときに、黄色い皮だけをへいで、冷凍しておくのですが、それでもあっという間になくなってしまいます。どうにかいい保存法はないものかと、考えていたときに、柚子こしょうを思い出し、たっぷりの塩と合わせておけばいいのでは？　と考えて、柚子皮と塩をフードプロセッサーにかけてみました。料理に使うときは、塩気が強いのでたくさんは使わず、柚子が香る程度の量を少しずつ使ってみてくださいね。

材料（作りやすい分量）　柚子5個　粗塩（柚子の皮の重量の30%）

作り方　①柚子は皮をむき、内側の白い部分を包丁でへぐ。②①と塩をフードプロセッサーに入れてペースト状にする。③びんに詰めて冷凍庫で保存する。

＊冷凍しても塩分が多いので、カチカチに凍ることはありません。使う分だけ取り出すようにすれば、色も褪せずに1年中使えます。

水菜とお揚げさんの炊いたん

材料(2人分)　水菜½束　油揚げ1枚　ねり柚子塩小さじ1～2　〈A〉だし300cc　みりん大さじ2　薄口醤油大さじ1

作り方　①油揚げは、熱湯をかけて油抜きして短冊に切る。水菜はざく切りにする。②鍋に〈A〉を入れて火にかけ、油揚げと水菜を入れて中火で煮る。水菜がくたっとしたら、ねり柚子塩を加えてさっと煮る。

柚子塩マドレーヌ

材料(20個分)　卵2個　ねり柚子塩小さじ1　はちみつ大さじ1　溶かしバター(無塩)90g　〈A〉薄力粉・グラニュー糖各90g　ベーキングパウダー小さじ½

作り方　①卵を溶きほぐす。②ボウルに〈A〉をふるい入れる。真ん中にくぼみを作って①を流し入れ、混ぜ合わせる。③②に溶かしバターと温めたはちみつ、ねり柚子塩を加えて混ぜ合わせ、冷蔵庫で1時間寝かせる。④バターを塗って粉をはたきつけた(ともに分量外)型に8分目まで流し入れ、200度で予熱したオーブンに入れて5分焼き、170度に下げて5～6分焼く。⑥熱いうちに型から外して冷ます。

麻辣油《マーラーユ》

中国の山椒「花山椒《ホワジャオ》」の、口の中がビリリーッと痺《しび》れる刺激がたまらなく好きで、辛いものが食べたくなると、四川料理を食べに出かけます。そして、花山椒をたっぷり使った料理をここぞとばかりにいただくのです。ヒーヒーいいながら食べ終わると、なぜか爽快感に包まれて、体が軽くなった気がします。そんな四川風の味付けが簡単にできるようにと作ったのがこの麻辣油。韓国産の粉唐辛子を使うので、辛さは控えめですが、花山椒の香りと心地よい痺れがたまりません。いつものあえ物にひとさじ加えると、一気に四川風に変身する辣油です。

材料(作りやすい分量)　花山椒(粒)大さじ5　長ネギの青い部分1本分　生姜1かけ　ニンニク3かけ　シナモン2かけ　八角1個　ゴマ油大さじ2　サラダ油400cc　〈A〉粉唐辛子(粗挽き)大さじ3　粉唐辛子(細引き)・日本酒各大さじ4

作り方　①花山椒は、指先でつぶせるぐらいまで煎って粉に挽く。②鍋に長ネギ、薄切りにした生姜、つぶしたニンニク、シナモン、八角、サラダ油を入れて中火にかける。泡が出はじめたら弱火にして、ニンニクや長ネギがうっすらきつね色になるまで火にかけ、具を網じゃくしですくい取る。③大きめのボウルに〈A〉を入れて練り合わせ、②が熱いうちに注ぎ入れる。④手早くかき混ぜて、唐辛子が底に沈んだらゴマ油と①を加えてかき混ぜる。びんに詰めてひと晩寝かせたらでき上がり。

よだれ鶏

材料(4人分)　鶏もも肉280g　塩小さじ2　香菜適量　〈A〉水1L　紹興酒大さじ1　長ネギの青い部分1本分　生姜(つぶす)1かけ　〈B〉鶏の茹で汁50cc　醤油大さじ3　麻辣油大さじ2　砂糖小さじ2　紹興酒小さじ2　黒酢大さじ1　ゴマ油小さじ1　おろしニンニク小さじ½　白いりゴマ小さじ2　ピーナッツ(刻む)大さじ1

作り方　①鶏肉に塩をすり込んで1時間おく。②鍋に〈A〉を入れてひと煮立ちさせ、水気を拭き取った鶏肉を入れる。ひと煮立ちしてから弱火で2分煮る。火からおろしてふたをして自然に冷ます。③粗熱が取れた鶏肉を取り出して冷蔵庫で冷やす。食べやすい大きさに切り分けて皿に盛り、〈B〉を合わせたものをかけて香菜を添える。

牛肉の麻辣煮

材料(2〜3人分)　牛もも肉薄切り200g　サラダ油大さじ2　セロリ1.5本　長ネギ½本　豆板醤小さじ2　麻辣油大さじ2　〈A〉紹興酒小さじ1　醤油小さじ1と½　水溶き片栗粉小さじ2　〈B〉鶏のスープ1カップ　醤油大さじ1と½　砂糖小さじ2

作り方　①牛肉を食べやすい大きさに切って〈A〉を揉み込んで10分おく。セロリと長ネギは斜め切りにする。②強火で熱したフライパンに大さじ1のサラダ油を入れ、セロリと長ネギをさっと炒めて取り出す。③残りのサラダ油を入れて弱火で豆板醤を炒め、香りと辛みを出す。〈B〉を加えてひと煮立ちしたら牛肉をほぐしながら加えて火を通す。④セロリと長ネギを戻し入れて麻辣油を回し入れて火からおろす。

XO醤《エックスオージャン》

お粥をはじめとする普段着ごはんのおいしさに魅せられて、香港にハマった時期がありました。とにかくいろいろなものを食べたくて、おいしいと評判の店や、地元の人しか行かないような店まで食べ歩きました。そのときに出会ったのが、ある店の「XO醤」。日本で口にしていたものとは別物で、貝柱や金華ハムの存在感があって、まさに「食べるXO醤」でした。それを真似て作ったのがこれ。チャーハンや炒め物に使っても、そのままごはんのおともにもよしです。入手しづらい金華ハムの代わりに、生ハムを使ってうまみを出して仕上げました。

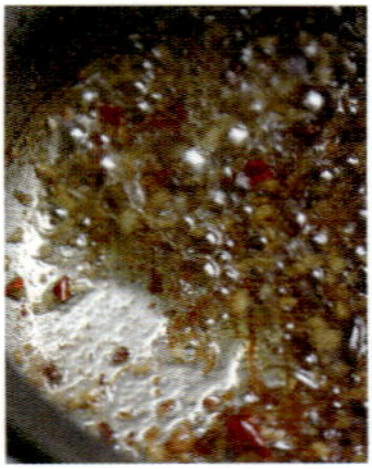

材料(作りやすい分量)　玉ネギ1/6個　ニンニク10かけ　生姜1かけ　生ハム30g　サラダ油100cc　〈A〉干し貝柱6個　干し海老20個　〈B〉紹興酒大さじ2　鷹の爪3本　塩小さじ1　砂糖小さじ1/2

作り方　①〈A〉は前日からひたひたの日本酒(分量外)に浸けて戻す。②玉ネギは、みじん切りにして塩小さじ1(分量外)をまぶして水気を切る。③干し貝柱はほぐして、ニンニク、生姜、干し海老はみじん切りにする。生ハムと鷹の爪は粗みじん切りにする。④鍋にサラダ油と玉ネギ、干し貝柱、干し海老、生ハムを入れて弱火で炒める。海老と貝柱の香りが出てきたら、みじん切りにしたニンニク、生姜、〈B〉を入れて紹興酒が煮詰まるまで火を通す。冷めたらびんに詰めて冷蔵庫で保存する。3カ月もつ。

豆鼓だれ

「豆鼓《トウチ》」は蒸した黒大豆を発酵させて干した中国独特の調味料です。そのままではしょっぱいので、ペースト状のタレにします。生姜やニンニクを仕込んであるので、調理時に毎回みじん切りにする手間が省けて、便利です。

ポイントは、豆鼓の塩気だけで味付けして、調理時に醤油や塩で好みの味に仕上げられるようにすることです。炒め物に使うことが多いのですが、小さめに切った豚肉と野菜に揉み込んで、蒸し物を作ったり、炊き込みごはんに入れたりと、使い勝手のいいタレです。

材料(作りやすい分量)　豆鼓大さじ5　生姜大1かけ　ニンニク3かけ　ゴマ油・紹興酒各80cc　砂糖大さじ3

作り方　①豆鼓、ニンニク、生姜はみじん切りにする。②鍋にゴマ油とニンニク、生姜を入れて火にかける。生姜とニンニクから細かい泡が出てきたら弱火で煮るようにして1〜2分火にかける。③②に豆鼓を加えて香りが出てきたら紹興酒と砂糖を加え、中火でかき混ぜながら煮詰める。④½量ぐらいまで煮詰まったら火からおろす。冷めてからびんに詰めて冷蔵庫で保存する。

＊冷蔵庫で約2カ月の保存が可能。

トマト麻婆豆腐

材料(2人分)　トマト1個　もめん豆腐(水切りする)1丁　醤油ミンチ(P42参照)⅔カップ　長ネギ1本　豆板醤・ゴマ油小さじ2　水溶き片栗粉大さじ1～2　麻辣油(P226参照)適宜　〈A〉鶏のスープ200cc　豆鼓だれ大さじ2　醤油小さじ1～2　砂糖小さじ1

作り方　①トマトと豆腐は1.5cm角に、長ネギはみじん切りにする。②鍋にゴマ油を入れて半量の長ネギと醤油ミンチを炒め、豆板醤を加えて弱火で炒める。②①に〈A〉を加えてひと煮立ちしたら豆腐を入れて5分煮る。③トマトと残りの長ネギを加えて醤油で味をととのえ、水溶き片栗粉でとろみをつける。お好みで麻辣油をかける。

豆豉鶏

材料(4人分)　鶏手羽先8本　塩小さじ½　〈A〉豆豉だれ大さじ2　醤油大さじ2

作り方　①手羽先に塩を揉み込んで10分おく。さらに〈A〉を揉み込んで1時間漬け込む。②オーブンかグリルでこんがりと焼く。

おわりに――大切な人を笑顔にする〝魔法〟

きょうまで数え切れないほどのびん詰めを作ってきました。

オットの大好物のパプリカのオイル漬け。オンナ友だちに絶大な人気を誇るレバーペーストとコールスロー。日本酒好きのオトコ友だちが「から～い！」と唸りながらも食べつくした唐辛子味噌……。

どれもこれも、喜んで食べてくれる人の顔を思い浮べながら作りました。

きっと、自分が食べるためだけなら、こんなにたくさんのびん詰めは生まれなかったと思います。食べてくれる人の「おいしい！」や「うまいっ！」の声にのせられ、背中を押されて、気がつくとたくさんのびん詰めが、私のレパートリーに加わっていたのです。

びん詰め作りは手間がかかるものもあるので、ときには「面倒くさいなあ」と思うこともあります。でも、そこで手を抜いた瞬間に、おいしさだけでなく、しあわせも逃げていくような気がするのです。そんなときは、びん詰めを喜んで食べてくれる人たちの笑顔を思い浮かべながら、もくもくと手を動かすのです。

そして、でき上がって、びんのふたを閉じるとき、「おいしくな～れ！」とひと言、おまじないを唱えます。すると、私のびん詰めは、家族や友だちを笑顔にする「魔法のびん詰め」になるのです。

あなたの食卓も「魔法のびん詰め」で、しあわせいっぱいになりますように……。

こてらみや

本書は、本文庫のために書き下ろされたものです。

365日《にち》、おいしい手作《てづく》り！「魔法《まほう》のびん詰《づ》め」

著者　こてらみや
発行者　押鐘太陽
発行所　株式会社三笠書房
〒102-0072 東京都千代田区飯田橋3-3-1
電話　03-5226-5734（営業部）03-5226-5731（編集部）
http://www.mikasashobo.co.jp
印刷　誠宏印刷
製本　ナショナル製本

 ISBN978-4-8379-6630-2 C0130

王様文庫